Günter Kretz

Jahwe Jireh, mein Versorger

20 erlebte Geschichten
rund ums liebe Geld

Günter Kretz

Jahwe Jireh, mein Versorger

20 erlebte Geschichten rund ums liebe Geld

Bibliografische Information der Deutschen Nationalbibliothek:
Die Deutsche Nationalbibliothek verzeichnet diese Publikation
in der Deutschen Nationalbibliografie; detaillierte bibliografische
Daten sind im Internet über http://dnb.dnb.de abrufbar.

Bibelzitate sind, wenn nicht anders gekennzeichnet,
der Rev. Lutherbibel von 1984 entnommen.

Herstellung und Verlag:
BoD – Books on Demand, Norderstedt

ISBN: 978-3-75342-541-2

INHALT

VORWORT

Ein Sprichwort sagt: *„Wenn es ums Geld geht, dann hört die Freundschaft auf!"* Ein anderer verdeutlicht mit einem alternativen Statement seine Überzeugung und bemerkt: *„Geld macht zwar nicht glücklich, aber es beruhigt!"* Ein dritter schließlich ist davon überzeugt: *„Geld regiert die Welt!"*

Rund ums Geld ist schon viel geschrieben worden, hauptsächlich wie man mehr davon macht. Wenn wir allerdings in der Nachfolge Jesu leben wollen, dann bekommt diese Sichtweise einen gewichtigen Gegenpol und wir finden uns in der Frage, wie wir mit Geld am besten umgehen sollten, in einem Spannungsfeld wieder, das sich eben nicht auf eine einfache Formel reduzieren lässt.

Als ich vor einigen Jahren bei den verschiedensten Gelegenheiten anfing, Geschichten über Gottes treue und manchmal auch wundersame Versorgung zu erzählen, merkte ich, wie bei einigen Zuhörern die Aufmerksamkeit spürbar zunahm. Es kamen öfters Rückfragen, aus denen sich ganz zwanglos Gespräche entwickelten, die unseren täglichen Umgang mit dem lieben Geld wieder in den Fokus rückten.

Vor einiger Zeit sprach mich ein Mitarbeiter unseres Werkes während einer Tagung ganz spontan in dieser Sache an: „Sag' mal, du hast so viele Geschichten rund ums Geld erlebt, das wäre doch richtig gut, die einfach gebündelt vor sich zu haben und diese früher oder später alle einmal aufzuschreiben?"

Daraufhin fing ich an, mein bisheriges Leben nach solchen Erlebnissen etwas gründlicher zu durchforsten. Mir fielen auf Anhieb über 20 ganz verschiedene Geschichten rund ums liebe Geld ein.

Heute, im Jahre 2021, bin ich 68 Jahre alt und blicke mit den hier geschriebenen Zeilen auf einen Zeitraum von über 50 Jahre zurück, in denen ich ganz verschiedene Erfahrungen mit Gott und Geld gemacht habe. Beim Niederschreiben dieser Episoden wurden diese für mich wieder ganz frisch und lebendig. Sie liefen zum Teil wie ein Film erneut vor meinem inneren Auge ab. Diese Schau in den Rückspiegel hat mich selber berührt und tief bewegt. Deshalb glaube ich auch, dass die Beispiele in diesem Buch dir Mut und Zuversicht ins Herz säen werden, nach vorne zu schauen und Gott in Fragen der Finanzen weiter zu vertrauen. Diese Geschichten werden deinen Glauben an einen Gott stärken, der dich nicht im Stich lässt, sondern der treu zu seinen Zusagen steht, ganz egal ob die Wolken am Horizont dieser Welt dunkler oder heller werden.

Noch eine Anmerkung zum Ende dieses Vorwortes: Ich habe bewusst die förmliche Anrede „Sie" durch das persönlichere „du" ersetzt. Damit will ich mich dem Leser nicht anbiedern oder ihm zu nahe treten, aber ich hatte den Eindruck, dass das „du" den Zeilen eine menschlichere, intensivere Note verleiht und der Leser näher an die zentralen Punkte, die ich ihm vermitteln will, herangebracht wird.

EINFÜHRUNG

Jesus und das liebe Geld

Welche Haltung und Einstellung hatte Jesus eigentlich zum Geld? Was können wir von Ihm lernen? Wie hat er sich dazu geäußert?

Stehen Menschen in brisanten und kniffligen Situationen unter Druck, dann können wir aus ihren Worten und Handlungen in der Regel viel von ihren inneren Werten und Überzeugungen erkennen. Es ist deshalb absolut faszinierend zu sehen, wie Jesus mit wenigen Worten in einer heiklen finanziellen Frage, wie wir es denn z.B. mit der Steuer halten sollten, reagierte:

„Und sie belauerten ihn und sandten Leute aus, die sich stellen sollten, als wären sie fromm; die sollten ihn fangen in seinen Worten, damit man ihn überantworten könnte der Obrigkeit und Gewalt des Statthalters. Und sie fragten ihn und sprachen: Meister, wir wissen, dass du aufrichtig redest und lehrst und achtest nicht das Ansehen der Menschen, sondern du lehrst den Weg Gottes recht. Ist's recht, dass wir dem Kaiser Steuern zahlen, oder nicht? Er aber merkte ihre List und sprach zu ihnen: Zeigt mir einen Silbergroschen! Wessen Bild und Aufschrift hat er? Sie sprachen: Des Kaisers. Er aber sprach zu ihnen: So gebt dem Kaiser, was des Kaisers ist, und Gott, was Gottes ist! Und sie konnten ihn in seinen Worten nicht fangen vor dem Volk und wunderten

sich über seine Antwort und schwiegen still." [Lukas 20,20-26]

„Sollen wir dem Kaiser Steuern zahlen oder nicht?" Schon die Frage allein lässt ja kaum Raum für eine dritte Möglichkeit als Antwort. Ja oder nein – diese Einengung öffnet die Falle, mit der man Jesus – was er auch immer antworten würde – fangen wollte.

Die politische und wirtschaftliche Situation der Juden zurzeit Jesu war so, dass sie damals sehr unter der hohen Steuerlast litten, die sie an das römische Imperium zu leisten hatten. Der Kaiser trieb durch seine Statthalter, Zöllner und Soldaten unbarmherzig seinen Tribut ein. Die Römer als Besatzer und besonders das ganze Steuer- und Zollsystem waren den Juden regelrecht verhasst. Sie sehnten sich nach einem Befreier, der sie von diesem Joch befreite. Manche, wie die Zeloten wären sogar bereit gewesen, einen Aufstand deswegen anzuzetteln.

In der Beantwortung dieser Frage mit der Position eines klaren „Nein" wäre er mit einer eindeutigen Konfrontation gegenüber der herrschenden Besatzungsmacht aufgetreten. Damit hätten sich alle Türen weit geöffnet, ihn kurzerhand bei den Römern als Aufwiegler anzuzeigen und dann ausliefern zu lassen. Mit einem klaren „Ja" aber hätte er sich in den Augen der Juden mit diesem Unrechtssystem direkt identifiziert und sich auf die Seite der Besatzer gestellt. Damit wäre er jedoch in die Rolle eines verachtenswerten Volksverräters gekommen, der mit den Römern gemeinsame Sache macht. Seine „Laufbahn" als Messias wäre in eine Sackgasse gekommen und das Volk hätte nichts mehr mit einem solchen „Verräter" zu tun haben wollen.

Sein messianischer Anspruch hätte eine gewaltige Delle bekommen. Heute könnte man dies in etwa damit vergleichen, wenn ein Politiker oder Geistlicher als Pädophiler geoutet wird. Dessen Laufbahn wäre vorbei. Der Mann wäre erledigt.

Jesu Antwort in dieser brisanten Zwickmühle, in die ihn seine Gegenspieler stecken wollten, war kurz und einfach genial: *„Gebt dem Kaiser, was des Kaisers ist, nämlich das schnöde Geld, und Gott, was Gottes ist, nämlich euer Herz!"*

Jesus lässt mit einem kurzen Statement die Falle auffliegen und rückt gleichzeitig die göttliche Perspektive, die uns unter die Haut geht, wieder in den Fokus.

Wie wir an diesem Beispiel sehen, macht Jesus aus einer **Geldgeschichte** eine **Herzgeschichte**. Er rückt die Beziehung zu Gott wieder in den Fokus, das Geld hat die zweite Geige zu spielen. Genau das macht nun den Umgang mit Geld in den verschiedensten Situationen so spannend, wenn Gott mit im Boot sitzt. Wir sehen oft nur, wie der eine oder andere sich äußerlich verhält, aber Gott sieht das Herz an. Das, was sich dort abspielt, ist für IHN von Bedeutung.

Jesus holt das Geld von seinem Thron und weist ihm die Rolle zu, die es zu spielen hat. So kann Einer viel geben oder sogar eine Stiftung gründen, hat aber dabei nur sein eigenes Image vor Augen. Ein anderer lehnt einen hochdotierten Job ab, weil er mehr Zeit für die Sache Jesu investieren will, die ihm eine Herzenssache ist. Ein dritter hat noch nie darüber nachgedacht, überhaupt neben der üblichen Kirchensteuer irgendetwas zu geben, aber er ist von Jesus total fasziniert, bis er entdeckt, dass sein Schatz dort ist, wo auch sein Herz ist.

Jesus hat nichts gegen Geld, er hat aber etwas dagegen, wenn es unser Herz in Besitz nimmt und damit die erste Geige spielt. Das ist bei Geld – und besonders bei viel Geld eine größere Herausforderung, als wir glauben. Dies musste ich selber auch recht schmerzhaft erleben.

Wenn wir es aber nicht zulassen, dass das Geld unser Herz regiert, sondern das Herz unser Geld, dann kann so viel Gutes wie auch Verblüffendes geschehen. Gott kann dir dann umso mehr anvertrauen. Du wirst erfahren, dass sein Name Jahwe Jireh ist, d.h. Gott, mein Versorger. Du wirst erleben, dass dieser Name keine leere Formel, sondern eine lebendige Kraft ist, die manchmal sogar unsere Phantasie in den Schatten stellt.

JAHWE JIREH, MEIN VERSORGER

Die folgenden Seiten beschreiben 20 Episoden aus meinem Leben, wo es ums Geld geht bzw. ging. Diese Geschichten spiegeln auf ganz unterschiedliche Weise Gottes kreative Handschrift wider, der eben nicht nach „Schema F" vorging und wie ein seelenloser Automat per himmlischen Dauerauftrag den nötigen Betrag auf mein Konto zauberte. Gott überraschte mich dabei immer wieder, welche möglichen und unmöglichen Wege er sich dabei einfallen ließ, um mich und später auch meine Familie zu versorgen.

Dabei gab es auch Zeiten von Mangel, dass soll hier nicht verschwiegen werden, aber es kam glücklicherweise nie so weit, dass wir hungern mussten oder in die Schuldenfalle gerieten. Ich erlebte sogar Zeiten des Überflusses, die mich rückwirkend gesehen, eher noch mehr herausforderten als der Mangel. Der Mangel oder die Not treiben einen in der Regel näher zu Gott, macht uns demütiger und abhängiger. Das ist jedoch nicht das, was viele von uns Christen sich unter einem erfolgreichen Leben vorstellen. Manchmal glauben wir sogar, wenn wir Mangel erleben, dass wir in unserem Glaubensleben versagt haben. Damit können wir allerdings völlig daneben liegen, weil wir momentan gerade dabei sind, eine Charakterschule in Demut und Abhängigkeit zu durchlaufen. Dies müssen wir lernen zu unterscheiden, was nicht immer so einfach ist.

Der Überfluss, so habe ich es erfahren, führt nun nicht automatisch zu einem freigiebigeren und großzügigeren Herzen, sondern kann uns ebenso zu einem unabhängigeren Leben von anderen wie auch von Gott verführen. Es kommt in erster Linie darauf an, wie es in deinem Herzen aussieht, nicht wie die äußeren Umstände sind.

Wir erkennen selber oft nicht, was in unserem Inneren ist, aber Gott schon. Und so lässt uns der Herr durch Mangel wie auch Überfluss hindurchgehen und prüft dabei unsere Herzen. Gerade in den Tälern wie auch auf den Gipfeln unseres Lebens kommt das ans Tageslicht, was tief in unserem Inneren schlummert. In diesem Prozess der Aufdeckung kann uns der Hl. Geist unmittelbar einen Spiegel vor Augen stellen, was in der Regel nicht besonders angenehm ist. Und dies kann der erste Schritt und der Beginn einer echten Veränderung in der Tiefe unseres Herzens sein.

Diese Geschichten habe ich nicht nur aus der Perspektive ausgewählt, dass sie Gottes treue Versorgung demonstrieren, sondern zeigen auch auf, was wir daraus lernen können. Und hier sind diese Geschichten, wobei die Zahl in den eckigen Klammern rechts daneben jeweils das Jahr bzw. den Zeitraum angibt, in dem sich diese Episode zugetragen hat.

Das Fahrrad [1966]

Heutzutage ist es fast selbstverständlich, dass jeder ein Fahrrad oder einen anderen adäquaten fahrbaren Untersatz besitzt. In der Nachkriegszeit, in der ich aufgewachsen bin, war dies keinesfalls für jeden Geldbeutel erschwinglich.

Schon damals war es mein Traum, als kleiner Junge ein schickes Fahrrad zu haben, auch um die Entfernung von über 4 km zum Gymnasium gut zu bewältigen. So ein Fahrrad kostete damals ca. 150.- DM. Das war für mich als 10-jähriger Junge einfach unerschwinglich. Aber der Wunsch danach war so stark, dass ich jeden Pfennig und Groschen zur Seite legte, um mir eines Tages so ein flottes Fahrrad kaufen zu können. Pro Monat kamen auf diese Weise ungefähr 1-2 DM zusammen, die ich mir mühsam zusammensparte. Fürs Milchholen gab es zwei Pfennige, Treppekehren brachte einen Pfennig in die Spardose, beim Rasenmähen verdiente ich zehn Pfennige, für das Unkrautjäten im Vorgarten gab es fünf Pfennige usw.

Ich gönnte mir fast nichts und sparte eisern, denn ich hatte dieses eine Ziel vor Augen: ein Fahrrad! Als ich schließlich 14 Jahre alt war, machte ich einen Kassensturz, der mir zeigte: Die ersehnte Summe war zusammengekommen und ich machte mir langsam Gedanken darüber, was für ein Fahrrad es denn konkret sein sollte und fing an von einem schicken Zweirad mit Gangschaltung, Freilauf, Felgenbremsen etc. zu träumen.

Ich beneidete damals einen meiner Klassenkameraden, der ein richtig flottes Fahrrad fuhr, während ich immer noch mit meinem Tretroller unterwegs war, um nicht die ganze Strecke zur Schule zu Fuß zurücklegen zu müssen. Mittlerweile hatte ja fast jeder ein Fahrrad oder kam mit öffentlichen Verkehrsmitteln zum Unterricht. Nur ich hatte eben noch keines.

In eben diesen Tagen kam nun dieser besagte Klassenkamerad auf mich zu und fragte, ob ich nicht sein Fahrrad haben wolle, da er zu seinem Geburtstag ein ganz neues Peugeot-Fahrrad geschenkt bekommen habe. Er brauche es jetzt ja nicht mehr. Also für 10.- DM könne ich es haben.

Ich traute erst meinen Ohren nicht. Er bot mir sein schickes Fahrrad für einen Spottpreis an. Das war quasi geschenkt. Ich konnte es erst gar nicht glauben, dann antwortete ich aber gleich freudestrahlend: „Abgemacht!" Und so kam ich zu meinem Traumfahrrad.

Im Nachhinein war ich über dieser ganzen Sache schon ein bisschen perplex. Jetzt hatte ich mir jahrelang nichts gegönnt, auf alles verzichtet – nur um nun festzustellen, dass das Ziel meiner Begierde mir einfach in den Schoss fiel. Wozu hatte ich mich eigentlich so abgestrampelt?

Damals habe ich noch nicht begriffen, dass ich eine erste Lektion über Gnade lernen sollte. Gott spielte in meinem Leben noch keine Rolle, aber heute im

Rückblick darf ich sehen, dass dieses Erlebnis tiefer meine Seele berührt hat und für mich zu einem Sprungbrett wurde, in späteren Jahren Gott ganz konkret zu vertrauen, dass Er für mich sorgt. Gott hatte seine Geschenkehalle schon damals für mich geöffnet, obwohl ich ihn noch gar nicht kannte. Er hatte mir gezeigt, dass Er auf Seine Art und Weise mir Dinge schenken kann, die ich mir mit viel Mühsal selbst erarbeiten wollte. Mit dieser Erfahrung wurde damals schon eine Grundlage gelegt, Gott und seiner Gnade zu vertrauen und weniger mit eigenem Eifer unterwegs zu sein.

Die 50 DM [1975]

Mit 23 Jahren bin ich am 1. Januar 1975 zum lebendigen Glauben an Jesus gekommen. In dieser Zeit studierte ich an der Uni Bonn Chemie und Sport für das Lehramt am Gymnasium und lernte ein paar Wochen später die Navigatoren, eine christliche Studentengruppe, kennen. Diese Studentengruppe wurde damals von Paul und Chris Wyckoff, einem Ehepaar aus den USA geleitet, die ihre ganze Zeit den ca. 30-40 Studenten widmeten, die sich in verschiedenen Bibelgruppen trafen, um über ihren Glauben auszutauschen und sich dabei gegenseitig zu ermutigen.

Als ich eines Tages Paul in seiner Wohnung besuchte, war er gerade in seinem Wohnzimmer. Er beugte sich konzentriert über ein Blatt Papier, mit dem Rücken zu mir, so dass er meine Anwesenheit erst einmal nicht wahrnahm. Leise trat ich hinter ihn und fragte dabei: *„Hey, Paul, was ist das für eine Liste, die du da studierst?"* Ich hatte kurz über seine Schulter geblickt und gesehen, dass dort eine Zusammenstellung von Namen standen, die seine Aufmerksamkeit fesselten. Was war dort bloß so interessant, fragte ich mich – an einer dusseligen Namensliste?

Paul wandte sich kurz zu mir um, schaute mich an und sagte: *„Das sind alles Leute, die mich unterstützen, damit ich diese Arbeit hier zusammen mit meiner Frau*

Chris tun kann." Und er zeigt mir die Liste. Hinter jedem Namen stand ein Betrag. Ich war verblüfft und ein bisschen peinlich berührt. Es war mir, als hätte ich über eine unsichtbare Linie hinweg seinen Intimbereich betreten. Ich hatte mich vorher nie gefragt, von was Paul und Chris lebten, sondern mich einfach gefreut, dass sie so engagiert für uns Studenten da waren.

In dieser Begegnung mit Paul erfuhr ich von einer Art der Finanzierung, die mir als Deutscher ziemlich fremd vorkam. Ich war ein bisschen verdattert und auch ein wenig sprachlos: *„Aha, verstehe…"* oder Ähnliches war damals wohl aus meinem Mund zu hören gewesen, wobei meine Mimik wohl eher einem Fragezeichen glich.

Tief im Inneren war ich allerdings stark bewegt. Und ich beschloss, auch einen Anteil finanziell beizusteuern, damit die Arbeit weiter getan werden konnte. Mein Geldbeutel und ich einigten uns schließlich auf 50 DM monatlich, über die ich dann einen Dauerauftrag einrichtete.

So weit so gut. Ich bekam damals kein BAFÖG, sondern mein Vater überwies mir damals für meine Lebens- und Studienkosten knapp 500 DM im Monat, so dass ich nicht darauf angewiesen war, noch nebenbei zu arbeiten, sondern zügig studieren konnte.

Als ich nach ein paar Monaten meine Eltern in Frankfurt/Main mal wieder besuchte, fragte mein Vater mich nach meinem Budget, also im Grunde genommen wollte er genau wissen, für was ich wie viel Geld ausgab. In diesem Zusammenhang kam dann auch mein Dauerauftrag über 50 DM an die Navigatoren zur

Sprache. Mein Vater hielt dies für einen überflüssigen Posten und wies mich an, das sein zu lassen. Ich hielt dagegen und war dazu ganz und gar nicht bereit. Schließlich endete diese Auseinandersetzung damit, dass ich ab sofort 50 DM weniger auf meinem Konto erhalten sollte. Damit war das Ende der Fahnenstange in dieser Unterredung für mich erreicht, so dass ich abschließend erwiderte, dass ich diese 50 DM eben anders auftreiben würde. Da mein Vater kein gläubiger Christ war, konnte ich ihn mit seiner ablehnenden Haltung gegenüber meiner Einstellung sogar verstehen und seine Gedanken nachvollziehen. Allerdings war ich fest davon überzeugt, dass meine monatlichen Überweisungen über 50 DM an die Navigatoren richtig waren. Dann musste man halt den Gürtel an anderer Stelle enger schnallen. Und so drückte ich dies auch sehr zum Verdruss meines Vaters aus.

Schließlich fuhr ich wieder nach Bonn zurück, im Gepäck das Gefühl von Spannung und einem nicht gedeckten Budget. Im Geist richtete ich mich schon darauf ein, mit weniger Geld auszukommen.

Die Tage vergingen, das Monatsende kam und damit auch die monatliche Unterstützung auf mein Konto seitens meines Vaters. Ich ging zur Bank, um meine Auszüge abzuholen, denn damals gab es noch keinen Kontoauszugsdrucker. Ich traute meinen Augen nicht. Es waren nicht 50 DM weniger, es waren 50 DM mehr. Und so blieb es auch, Monat für Monat.

Ich war verblüfft und erleichtert – und jubelte innerlich. Etwa ein Jahr später stieß ich auf eine Bibelstelle in Maleachi 3,10:

*„Bringt aber die Zehnten in voller Höhe in mein Vor-
ratshaus, auf dass in meinem Hause Speise sei, und
prüft mich hiermit, spricht der HERR Zebaoth, ob ich
euch dann nicht des Himmels Fenster auftun werde
und Segen herabschütten die Fülle."*

Ich entdeckte, dass es eine Zusage Gottes gibt, wenn
wir den zehnten Teil unseres Einkommens für sein
Reich geben. Und dies hatte ich ja getan – ohne diese
Bibelstelle genauer zu kennen. Die Erfüllung dieser
Verheißung hatte ich buchstäblich auf meinem Bank-
konto erfahren. Diese Erfahrung legte ein festes Fundament und einen sicheren Grund für alles, was mit
Geld zu tun hatte. Ich achtete von nun an darauf, dass
mindestens der zehnte Teil meines Einkommens in
das Reich Gottes flossen. Gott hat hier in seinem Wort
eine Zusage für seinen Segen mit unserer Gesinnung
und Handeln des Gebens verknüpft, und das nicht nur
materieller Art.

In späteren Jahren kamen Menschen mit den verschiedensten Problemen zu mir. Wenn sie finanzielle
Probleme hatten, dann war einer meiner Standardfra-
gen: *„Bist du dir sicher, dass der zehnte Teil deines Einkommens ins Reich Gottes fließen?"* Beim Großteil
dieser Ratsuchenden war dies eben nicht der Fall, so
dass der Segen Gottes hier oft blockiert war. Dies ist
zwar kein Allheilmittel bezüglich finanzieller Probleme, aber ein gewichtiger Faktor ist diese Zusage aus
Maleachi 3,10 schon.

Die göttliche Rendite ist auf jeden Fall höher als alle
anderen Papiere, die dir die Banken mit ihren Finanz-
produkten gerne verkaufen wollen.

Als Petrus Jesus mal über die Rendite fragte, die sie mit ihrem Einsatz für das Reich Gottes erzielen würden, antwortete Jesus:

„Wahrlich, ich sage euch: Es ist niemand, der Haus oder Brüder oder Schwestern oder Mutter oder Vater oder Kinder oder Äcker verlässt um meinetwillen und um des Evangeliums willen, der nicht hundertfach empfange: jetzt in dieser Zeit Häuser und Brüder und Schwestern und Mütter und Kinder und Äcker mitten unter Verfolgungen – und in der zukünftigen Welt das ewige Leben."

Markus 10, 28-30

Hier ist sogar von einer „hundertfachen Rendite" die Rede. Wir dürfen sicher sein, dass sich alles lohnen wird, was wir ins Gottes Reich investieren. Und Jesus stellt überraschenderweise eins klar, dass wir auch gar nicht erst auf die Ewigkeit zu warten brauchen, sondern dass die „Auszahlung" schon hier – in diesem Leben – beginnt. Und davon handelt das nächste Kapitel.

Alles oder Nichts? [1977]

Als Student einen eigenen Wagen zu fahren war damals schon, im Jahre 1977, etwas Besonderes. Ich durfte einen VW Käfer, Bj. 1963 mein Eigen nennen, den ich gebraucht für ca. 850.-DM erstanden hatte. Neben meinem Fahr-rad war ich so mit meinem VW Käfer öfter unterwegs. Allerdings bedurfte dieser recht intensiver Pflege und Wartung, um weiterhin damit fahren zu können. Eines Tages kam es, wie es kommen musste: Ich blieb mit dem Käfer auf der Autobahn liegen. Diagnose Kolbenfresser! Der Wagen hatte nur noch Schrottwert und der Traum vom eigenen Auto löste sich vorerst in Luft auf.

In diese Situation hinein erreichte mich die Nachricht meines älteren Bruders, der mir sein Auto für einen „Freundschaftspreis" überlassen wollte. Ich erinnere mich nicht mehr an die Summe, nur dass das Angebot außerordentlich günstig war. Nun fuhr mein Bruder damals keine alte, gebrauchte Karre wie ich, sondern einen Simca TI mit Doppelvergaser und 83 PS. Die Konstruktion dieses Autos war mit der etwas schräg angesetzten Heckklappe und 5 Türen schon damals bahnbrechend, welches bis heute von der überwiegenden Mehrzahl der PKWs übernommen worden ist. In Bezug zu heutigen Standards könnte man diesen Wagen wohl mit einem Golf GTI, ausgestattet mit einem 150 PS starkem Motor und allem möglichen elektronischem Schnick-Schnack durchaus vergleichen.

Außerdem war damals das Fahren eines eigenen Wagens mit solch einer Ausstattung für einen jungen Mann viel eher mit einem gewissen Sozialprestige verknüpft, als dass das heute der Fall ist.

„Wow", dachte ich, „bei solch einem Angebot kann man einfach nicht nein sagen." Und damit wurde ich der stolze Besitzer eines echt coolen Wagens. Durch den Kauf dieses Autos hatte ich allerdings kaum mehr Geld übrig, da mir die Versicherung als Fahranfänger mit steigender PS Zahl die entsprechende Rechnung präsentierte, aber es reichte erstmal geradeso.

Ein paar Wochen später fing mich jedoch an, eine Art Bescheidenheitskomplex zu plagen. Ich dachte: „Wozu brauche ich ein so tolles Auto? Du kannst auch einen alten Käfer fahren, das genügt völlig. Ich habe solch einen PS-Boliden doch gar nicht nötig. Ich weiß jetzt, was ich tun werde: Ich verkaufe das Auto, vom Erlös werde ich mir einen alten Käfer kaufen und die Differenz spende ich dann einfach für einen guten Zweck." Gesagt, getan.

Die Annonce erschien im Bonner Generalanzeiger und ich richtete mich schon in Gedanken auf das Verkaufsgespräch ein. Doch zu meiner Überraschung wollte keiner mein tolles Auto haben. Es war fast so, als ob Gott diese Annonce für die Augen etwaiger

Interessenten mit Blindheit geschlagen hatte. Auch nach über einer Woche gab es überhaupt keine Reaktion.

„Was nun?", dachte ich. „Gott will offensichtlich gar nicht, dass ich mir wieder eine alte Karre zulege." So betete ich damals einfach Folgendes: „Herr, du siehst, dass ich diesen Simca nicht unbedingt brauche, aber da er nun mal hier ist, soll er auch dir zur Verfügung stehen, wann immer du ihn brauchst. Er ist aber in Verbrauch, Versicherung und Steuern ein wirklich teures Auto, so dass ich ihn mir im Grunde gar nicht leisten kann, ohne meine Spenden zu kürzen. So übergebe ich dir dieses Auto und bitte dich, dass du auch dafür sorgst, dass ich ihn weiter behalten und fahren kann. Amen." Jedenfalls so oder ähnlich war mein Gebet.

Etwa 2 Jahre ging alles gut. Ich lebte sparsam, aber es reichte immer. Dann, als wieder einmal die Versicherungsprämie fällig wurde, wurde es schließlich doch recht eng. Ich machte einen Kassensturz am Monatsbeginn: auf dem Girokonto gähnende Leere, im Portemonnaie ein 50 DM Schein, 2 Mensamarken und ein paar Münzen. „Das reicht nie für einen Monat", dachte ich. „Was soll ich bloß tun?"

Jobben kam nicht in Frage, ich sollte auf jeden Fall für mein Examen lernen, Schulden machen war ebenfalls für mich keine Alternative, eher noch Fasten. Für diese Variante hatte ich aber auch keinen Frieden, weil ich wegen meinen praktischen Prüfungen in Sport auf jeden Fall fit bleiben musste. Fasten und 3000m Lauf, das passte überhaupt nicht zusammen. Außerdem wäre dies kein freiwilliges Fasten gewesen.

Ich sah keinen unmittelbaren Ausweg. Und dann fing ich an zu beten: „Herr, du siehst diese Situation, was soll ich denn jetzt bloß tun?"

Da legte Gott mir einen Gedanken ins Herz, der mir erst völlig absurd vorkam: „Gib die letzten 50 DM weg – ich sorge für dich!"

„Das kann irgendwie nicht sein," dachte ich. „Du spinnst, Günter. Das ist total unvernünftig." Am nächsten Tage – in meiner Stillen Zeit – kam dieser Gedanke wieder, allerdings noch etwas deutlicher. Ich war konsterniert. Doch dann nahm ich den letzten Rest Mut zusammen, steckte meinen letzten 50 DM Schein ein und machte mich auf den Weg zur Bank. Jeder Schritt flüsterte mir zu: „Du bist ein Idiot, du bist ein Idiot, du bist ein Idiot!"

Ich schleppte mich zum Schalter, schob den 50 DM Schein über den Tresen und spendete ihn für einen guten Zweck, für welchen weiß ich nicht mehr.

Auf dem Rückweg fühlte ich mich erleichtert, allerdings sah ich mit Sorge auf die Tage vor mir, wie ich denn mit Nichts überleben sollte.

„Was passiert nun?", dachte ich. Ich schaute in den Briefkasten, da war jedoch kein Brief mit einem Schein oder einem Scheck. Mittags jedoch lud mich meine Wirtin, bei der ich wohnte, zum Essen ein. Und sie kochte gut. Am nächsten Tag fuhr ich wie geplant mit dem Auto von Bonn nach Frankfurt, wo meine Eltern wohnten. Das Benzin reichte für die Hinfahrt. Ich sagte kein Sterbenswörtchen über meine finanzielle Situation. Keiner wusste davon.

In Frankfurt angekommen brachte ich zunächst meine Schmutzwäsche in den Keller, wo die Waschmaschine stand. Meine Mutter hing dort gerade die Wäsche auf. Wir plauderten so ein bisschen, da sagte meine Mutter auf einmal: „Hast du eigentlich das Geld schon bekommen, dass dir Vati überwiesen hat?" „Was für Geld?", fragte ich, „und für was?" Ich wusste, dass mein Vater mir niemals grundlos Geld überweisen würde, das hatte er noch nie getan. „Ich weiß auch nicht," fuhr meine Mutter fort, „aber irgendwie kam er auf diesen Gedanken, dir Geld zu überweisen, das hat er eigentlich noch nie gemacht." „Wie viel hat er mir den überwiesen?", fragte ich. „500 Mark." „500 Mark?! Einfach so?" „Ich konnte es auch nicht glauben, aber er meinte, du könntest es bestimmt gut gebrauchen!", klärte meine Mutter mich weiter auf. Ich war innerlich fassungslos, ließ mir aber nichts anmerken. Eine grundlose Überweisung gab es bei meinem Vater nicht. Und das ist auch nie wieder vorgekommen.

Später bedankte ich mich, und zur Heimfahrt drückte mir meine Mutter noch einen 50 Markschein fürs Benzin in die Hand, so konnte ich volltanken und guter Dinge wieder nach Bonn fahren.

Diese Erfahrung werde ich nie vergessen. Sie brannte sich tief in mir ein und half mir, später weitere finanzielle Durststrecken zu überwinden und Gott darin zu vertrauen.

Diese Lektion hat mir geholfen, Geld nicht anzuhäufen, sondern es auch wegzugeben. Sie hat dazu beigetragen, meine vermeintliche Sicherheit als Beamter aufzugeben und im Vertrauen auf Gott bzw.

von Menschen zu leben, die mich unterstützen. Sie hat mich in die Lage versetzt, andere herauszufordern, Gott ganz praktisch in finanziellen Angelegenheiten zu vertrauen. Sie hat mir geholfen, diese Zeilen zu schreiben und dich als Leser zu ermutigen, sich in finanzielle Bereiche des Glaubens zu wagen, die ihm bisher nicht zugänglich waren. Und im Rückblick auf diese Tage entfaltet sie heute noch in mir eine tiefe Zuversicht, Gott als Jahwe Jireh, meinem Versorger, zu vertrauen.

Hallo Taxi! [1977]

Während meiner Zeit, in der ich als Student in Bonn lebte, gehörte es zum üblichen Stadtbild, dass in den Fußgängerzonen an ganz bestimmten Plätzen öfters Obdachlose anzutreffen waren, die vor sich einen alten Hut oder Schach-

tel platzierten, damit mitleidige Passanten ein paar Münzen für sie hineinwarfen. Als Student hatte man es ja selber nicht so dicke und man ging je nach Stimmungslage achtlos oder mit einem schlechten Gewissen an diesen Menschen vorbei. Es war doch eher selten, dass man von seinem Mitgefühl dazu gedrängt wurde, seinen Geldbeutel zu zücken, um etwas in den Hut zu legen. Letztlich war dies für mich, wie auch für andere eine unbefriedigende Situation, weil ich einfach unsicher war, wie ich diesem offensichtlichen Leid begegnen konnte. In unserer christlichen Studentengruppe diskutierten wir eines abends über dieses Problem – und was denn da zu machen wäre? Die verschiedensten Standpunkte wurden gehört und ausdiskutiert. Dabei berichtete ein Student von einer erstaunlichen Erfahrung. Er erzählte, wie er mit einem heruntergekommenen Obdachlosen ins Gespräch kam und dessen Geschichte ihn so anrührte, dass er ihm 5 DM in den Hut legte. Anschließend ging er weiter. Als er etwa 30-40m weg war und unter den übrigen Passanten verschwand, schaute er nochmal kurz zurück. Der Bettler stand auf, nahm den Hut und das Geld, einschließlich seiner 5 DM, dann winkte er ein Taxi heran, setzte sich hinein und fuhr von dannen. „Ich war wie vom Donner gerührt!", berichtete unser Student weiter, „ich konnte einfach nicht glauben, was ich da sah. Ich habe nie wieder einem Bettler etwas in seinen Hut gelegt."

Dieses Beispiel sorgte nun für reichlich Zündstoff unter uns Studenten, wie wir den Menschen, die in der Fußgängerzone bettelten, begegnen konnten. Schließlich gab es einen kreativen Vorschlag. In Kooperation mit der hiesigen Stadtbäckerei hinterlegten wir eine Summe von 100 DM. Davon konnten nun durch Gutscheine verschiedener Höhe entsprechende Nahrungsmittel wie Brötchen, Kuchen, Brot etc. von der Stadtbäckerei an Personen ausgegeben werden, wenn diese Scheine vorgelegt wurden. Die Gutscheine verteilten wir an die Studenten, die diese bei Gelegenheit in den Hut der bettelnden Person legen konnten. Wir fühlten uns ziemlich gut dabei, weil wir von diesem Hilfsmodell überzeugt waren.

Allerdings geschah dann etwas, womit wir nicht gerechnet hatten: Es wurde kein einziger Gutschein jemals in der Stadtbäckerei eingelöst. Zu essen hatten die mittellosen Personen am Wegesrand wohl genug. Die Lehre, die ich daraus zog, war, dass nicht jede offensichtliche Not eine Not ist, auf die ich entsprechend zu reagieren habe. Es kommt weiter auch darauf an, was der andere wirklich braucht und dies ist nicht immer so einfach zu erkennen. In der Episode „Der 10 DM Kreislauf – Wem geben?", gehe ich auf diese Aspekte noch näher ein.

Die Prüfung [1979]

Auf den ersten Blick scheint dieses Erlebnis weniger mit Geld etwas zu tun zu haben. Wenn wir aber genauer hinschauen, dann wird es doch deutlich, wie Gott  auch durch diese Erfahrung mir den Weg ebnete, ihm weiter zu vertrauen, dass sein Timing und seine Versorgung Hand in Hand gehen.

Es war die Zeit, als mein Studium in Sport und Chemie dem Ende entgegenging und die Staatsexamensprüfungen immer deutlicher in unser Visier rückten. Besonders die abschließende Prüfung in Sportmedizin war bei den Sportstudenten überaus gefürchtet. In dieser mündlichen Prüfung hatte Prof. Kunz [Name geändert] die Hälfte der Prüfungszeit von etwa einer Stunde zur Verfügung, die er auch in der Regel reichlich in Anspruch nahm, wenn nicht gar noch ausdehnte.

In seinen Vorlesungen erwähnte er immer wieder mal, wie die Prüflinge auf die für ihn seiner Ansicht nach einfachsten Fragen keine Antworten wussten. Dabei genoss er die anschließende Stille sichtlich, als er dann so nebenbei die Antworten auf diese für ihn einfachen Fragen zum Besten gab, von seinen Prüfungen plauderte und besonders über die Episoden sich ausließ, in denen wieder einmal welche durchgerasselt waren.

Zu allem Übel hatte Prof. Kunz zudem noch die schlechte Angewohnheit, dass er relativ leise sprach, dabei oft auch etwas nuschelte, was es für seine Zuhörer recht schwierig machte, ihn überhaupt zu verstehen.

Außerdem, das kann ich heute nun sagen, war er eine pädagogische und didaktische Niete. Er konnte den Lehrstoff nur unzusammenhängend und etwas gelangweilt vermitteln. Die Sportstudenten in den höheren Semestern und die Staatsexamenskandidaten saßen durchweg in den zwei vorderen Reihen, um ihn einigermaßen zu verstehen und ihr Gesicht zu zeigen, dass sie eben da waren. Jedenfalls war Prof. Kunz von den Sportstudenten der am meisten gefürchtete Mann vor dem Staatsexamen.

Mir ging es da ganz genauso, bis ich den Eindruck hatte, ich sollte gerade bei ihm meine Staatsexamensarbeit machen, was ich dann auch in Angriff nahm.

Etwa ein Jahr später rückte der Prüfungstermin zum Staatsexamen näher, die Studenten bildeten Lerngruppen für die Prüfung in Sportmedizin und der eine oder andere bekam sogar richtige Prüfungsangst.

Kurz vor Weihnachten kamen die schriftlichen und dann im neuen Jahr kurz dahinter die mündlichen Prüfungen. Ich bekam ein Thema, das sehr eng mit meiner Staatsexamensarbeit zusammenhing und so konnte ich quasi im Vorübergehen die Klausur in Sportmedizin ohne Schwierigkeiten niederschreiben. Ich war nach gut 2 Stunden fertig und hatte noch viel Zeit übrig. Links und rechts neben mir schwitzten die anderen und hingen eifrig über ihren Blättern. „Was nun?", fragte ich mich in dieser Situation. „Sollte ich einfach schon meine Klausur abgeben?" Dann fing ich an zu beten. Als ich mich so zu Gott wandte, kam mir ein Gedanke: „Man könnte einen passenden Bibelvers als Schlusspunkt setzen, oder? Oder noch besser, eine Überleitung und dann noch einen Vers." Jetzt fing ich allerdings auch an, ins Schwitzen zu kommen, als ich versuchte, eine passende Schlussformulierung zu finden und dabei folgenden Zeilen, soweit ich mich erinnere, niederschrieb:

Wie wir sehen, sind die oben beschriebenen Zusammenhänge unter der angegebenen Thematik in diesem Rahmen verständlich und einsichtig darstellbar. Hier, in dieser Klausur, habe ich über die Dinge geschrieben, die wir in der heutigen Zeit erfasst und begriffen haben. Allerdings haben wir den Stoffwechsel und das Zusammenspiel der Organe, der Zellen wie der Moleküle in ihrer Gesamtheit und Wechselwirkung bis heute nur ansatzweise durchschaut. Etliches ist uns noch verborgen und manchmal erscheint es uns dann wie ein Wunder, dass wir in dieser Vielschichtigkeit und Komplexität überhaupt funktionieren. Wir kommen wohl nicht daran vorbei, dass uns ein Schöpfer so genial gemacht und erschaffen hat. Da drängt sich förmlich der Gedanke aus Psalm 139,14 auf, wo es heißt: „Ich danke dir, dass ich wunderbar gemacht bin; wunderbar sind deine Werke, das erkennt meine Seele."

Mit diesem Psalmwort habe ich mit klopfendem Herzen die Klausur beendet und dann sogleich abgegeben.

Unmittelbar nach den Weihnachtsferien bekam ich Anfang Januar die Ladung zur mündlichen Prüfung. Da ich noch über den Jahreswechsel auf einer unseren Tagungen als Mitarbeiter engagiert war, konnte ich mich nur „auf Lücke" vorbereiten, es gab also etliche weiße Flecken bezüglich des umfangreichen Stoffes in meinem Gedächtnis. Dementsprechend beunruhigt trat ich zur Examensprüfung an. Als Erstes war Professor Kunz an der Reihe, und zwar natürlich in seinem Fachbereich, nämlich Sportmedizin. Ich weiß nicht mehr, was er für Fragen stellte, aber es waren genau die Bereiche, die ich mir angeschaut hatte und so konnte ich detailliert und ausführlich dazu Stellung nehmen. Nachdem etwa 10 Minuten vorbei waren, kam auf einmal überraschenderweise eine ganz andere Frage: „Sagen Sie mal, Herr Kretz, sie haben ihre Klausur mit so einem markanten Zitat abgeschlossen, was haben Sie damit gemeint?" Ich erinnere mich nicht mehr genau, was ich konkret darauf geantwortet hatte, aber ich erinnere mich, dass wir den Rest der Prüfungszeit uns über den Glauben und über Jesus unterhalten hatten und ich in der Prüfung einfach erzählen konnte, was das mir das bedeutete. Die beiden anderen Professoren mussten sich das gezwungenermaßen auch anhören und wurden auf diese Weise unfreiwillige Zuhörer über unser Gespräch betreffs des christlichen Glaubens. Ich bekam in Sportmedizin die Bestnote, also eine glatte Eins. An diesem Tage war ich nicht nur erleichtert, dass alles so gut gelaufen war, sondern auch voller Freude, selbst im Examen von meinem Glauben an Jesus erzählt zu haben.

Was hat dies nun mit Geld zu tun? Ganz einfach, der besagte Professor in Sportmedizin bot mir direkt eine Stelle als wissenschaftlicher Mitarbeiter an, die mir nicht nur Spaß machte, sondern auch Geld in meine klamme Kasse spülte, so dass ich mir über meine weitere Versorgung bis hin zur Referendarzeit – und die war fast noch ein ganzes Jahr hin– kein Kopfzerbrechen mehr machen musste.

Ich kam mit dem „Schrecken aller Sportstudenten" gut zurecht und übernahm später von ihm auch das Seminar für die Staatsexamenskandidaten. Und so erfuhr ich dadurch nicht nur Gottes Versorgung, sondern konnte ebenso etlichen Studenten fachlich und pädagogisch auf eine Weise unter die Arme greifen, dass sie die Angst vor dieser Prüfung verloren und dabei auch kaum einer mehr durchgefallen ist.

Überfluss [1979]

Während meiner Referendarzeit für das Lehramt am Gymnasium von 1979 bis 1981 lebte ich in Köln, wobei für mich die Schule in Leverkusen gut zu erreichen war.

In dieser Zeit arbeitete ich ehrenamtlich in der Navigatorenarbeit in Köln mit, wobei mein schwerpunktmäßiges Engagement in erster Linie dem Aufbau einer Schülerarbeit galt, in die ich meine freie Zeit und mein Herz investierte.

Ich wohnte damals mit einem älteren Ehepaar in einem Haus und hatte ein Zimmer zur Verfügung. Wir kamen sehr gut miteinander aus und ich lebte fast wie ein Sohn mit ihnen zusammen. Für Kost und Logis war nur ein kleiner Beitrag fällig, so dass für mich von meinen ca. 1600.- DM, die ich jeden Monat auf mein Konto von Vater Staat überwiesen bekam, jedes Mal stolze 1000 - DM übrigblieben. Das war für mich nun völlig ungewohnt und ich stellte mir die Frage, wohin mit dem ganzen Geld? Was tue ich damit? Ich hatte ja kaum Ausgaben. Da war keine Familie, keine Kinder, keine teuren Hobbys. Als Student lebte ich bisher in der Regel immer mit dem Eindruck, dass es eben gerade noch so reichte. Dieses Gefühl war nun innerhalb weniger Wochen einem anderen Gedanken gewichen: „Was mache ich eigentlich mit dem übrigen Geld, dem Überfluss?"

Es war für mich zur Gewohnheit geworden selbst von meinem geringen Einkommen von bisher 500.- DM auch etwa den zehnten Teil wegzugeben, aber jetzt machte ich mit einem ungewohnten Phänomen Bekanntschaft: wohin mit dem Überfluss? Bisher dachte ich immer, je mehr man hat, desto leichter wird es einem fallen, davon auch an andere weiterzugeben. Das war und ist ein Irrtum. Es fiel mir viel schwieriger, als ich je gedacht hatte, von meinem Überfluss auch viel abzugeben.

Reichtum und Überfluss machen nicht automatisch freigiebig. Oftmals geben die Menschen, die weniger haben, prozentual viel mehr als die, die viel haben. Das ist paradox, aber diese Erfahrung damals lehrte mich, dass wir nicht unbedingt logisch handeln, sondern dass das Geld bzw. der Mammon Macht besitzt, die Regierung unseres Herzens zu übernehmen. Jesu Worte sind da unzweideutig: *„Niemand kann zwei Herren dienen… ihr könnt nicht Gott dienen und dem Mammon."* [Matthäus 6,24]

Wenn du das noch nicht wahrhaben willst, dass das Geld eine Macht in sich hat, die sich Gott entgegenstellt, dann lade ich dich zu einem kleinen Experiment ein: Ich nenne es das **„Zachäus-Experiment"**. Bestimmt kennst du die Geschichte von Zachäus, dem Zöllner. Wenn nicht, dann kannst du sie in Lukas 19,1-10 noch einmal nachlesen. Heute würden wir sie vielleicht die Geschichte von Josef Ackermann, dem unbeliebten Banker nennen, bei dem Jesus sich einlädt und einkehrt.

Und dieser unbeliebte Oberzöllner bzw. unser unbeliebter Banker macht nun in dieser Geschichte ein ungewöhnliches Statement – wozu ihn übrigens keiner, auch Jesus nicht – aufgefordert hatte: *„Siehe, die Hälfte meines Besitzes gebe ich den Armen, und wo ich jemanden betrogen habe, so gebe ich es vierfach zurück."* [Lukas 19,8]

Zachäus macht hier einen überraschenden Schritt. Er gibt den Überfluss weg. Einfach so! Wow! Beim Lesen scheint es einem tiefer zu berühren und man findet es irgendwie ganz gut, was dieser Zachäus da machte. „Ja, ist das nicht ein richtig gutes Vorbild?", denken wir dann vielleicht noch. Möglicherweise sind wir sogar von ihm beeindruckt. Aber wenn uns der Gedanke kommt, dass wir ihm nacheifern könnten oder sollten, dann fangen wir an innerlich mit uns selber zu argumentieren, und zwar in der Regel so, dass wir im Ansatz dieses Vorhaben schon begraben. Wenn wir wirklich vom Mammon und der Jagd nach mehr davon frei wären, dann gäbe es in unseren Gemeinden und Kirchen viel mehr dieser Zachäuse und finanzielle Nöte würden der Vergangenheit angehören.

Meine Tochter ist Physiotherapeutin und hat einen breit gefächerten Kunden- bzw. Klientenstamm, was deren finanzielle Verhältnisse angeht. Interessant in diesem Zusammenhang war neulich ihr Statement, dass die eher weniger begüterten Klienten oder Patienten ihr zu Weihnachten viel öfters etwas zukommen lassen würden, als die eben richtig Reichen. Ist das nicht paradox?

Jesus sagt zu diesem Paradoxon an anderer Stelle: *„Gebt, so wird euch gegeben. Ein volles, gedrücktes und überfließendes Maß wird man in euren Schoß geben; denn eben mit dem Maß, mit dem ihr messt, wird man euch wieder messen."* [Lukas 6,38] Unsere Logik sagt uns doch genau das Gegenteil: Je mehr ich weggebe, desto weniger habe ich. Wer etwas anderes behauptet, widerspricht diesen Grundgesetzen der Mathematik, der Vernunft, der Logik. Die Schrift allerdings gibt nicht dem Verstand den ersten Platz, sondern dem Vertrauen auf Gott. Dort stoßen wir auf folgende Aussage: *„Verlass dich auf den Herrn von ganzem Herzen und verlass dich nicht auf deinen Verstand, sondern gedenke an ihn auf allen deinen Wegen, so wird er dich recht führen."* [Sprüche 3,5+6] Vielleicht bist du ja wirklich frei – vom Verlangen nach mehr Geld. Bist du es? Dann mach einen einfachen Schnitt: Was du nicht unbedingt brauchst, das gib weg. Was lediglich deiner emotionalen Beruhigung dient, was du nicht brauchst, ist Überfluss. **Das ist das Zachäus-Experiment!**

Wie wir hier sehen, ist es gar nicht so einfach, dies Zachäus nachzumachen. Verstand und Gefühle sind dagegen und du kommst ins Argumentieren und deine Argumente sind gut. Sie beruhen auf der Mathematik und der Erfahrung. Aber sie kommen nicht aus dem Glauben, der nicht sieht, sondern vertraut.

Für etliche, die diese Zeilen lesen, wird dies wohl noch ein zu großer Schritt sein. Dann fang eben mit einem Kleineren an. Es gibt viele Möglichkeiten, darin zu wachsen und den Überfluss, den wir haben, nicht für uns selber zu bunkern, sondern ihn einfach wegzugeben. Wie wäre es, die Hälfte des Einkommensteuerbescheides oder des Weihnachtsgeldes oder eines guten Geschäftes wegzugeben. Es wird dir nicht leichtfallen, aber eines wird ganz sicher geschehen: Die Macht des Mammons über dein Leben wird kleiner und kleiner werden und du wirst erleben, wie Gott treu zu seinen Zusagen in der Schrift steht.

Die Berufung [1981]

Vor meiner Berufung im Jahre 1981 hatte ich mich schon öfters bei verschiedenen Missionswerken sporadisch engagiert. Dieses Engagement endete jedes Mal mit einer Einladung an mich, ob ich  denn nicht bei ihnen vollzeitig mitarbeiten wolle. Ich lehnte dies allerdings immer wieder ab, weil ich nicht den Eindruck hatte, dass das für mich dran gewesen wäre.

In diesen Tagen war ich in der Schüler- wie auch in der Studentenarbeit bei den Navigatoren in Köln engagiert. Schließlich neigte meine Referendarzeit in Leverkusen sich dem Ende zu und ich fing ich an, mich an verschiedenen Schulen in NRW zu bewerben. Ich ahnte damals noch nicht, dass Gott am Ende dieser Zeitspanne definitiv seine Hand nach mir ausstrecken würde, um mich in den vollzeitigen Dienst für IHN zu berufen.

In dieser Zeit führten die Navigatoren mit ihren verschieden Arbeitszweigen ihre regelmäßigen Konferenzen meist zum Jahreswechsel durch, so dass ich mich mit etlichen Mitarbeitern dieses Missionswerkes auf dieser für mich schicksalhaften Tagung 1980/81 bei Brüssel wiederfand.

Im Vorfeld dieser Konferenz hatte der Heilige Geist mir schon ein Wort aus Markus 1,16-20 ins Herz gelegt, wo es darum ging, dass die Jünger ihre Netze verließen, um Jesus nachzufolgen. Diesen Eindruck tat ich aber erstmal beiseite, denn ich wollte mich mit so einer Sache eigentlich gar nicht beschäftigen. Gott hatte wohl eine andere Meinung dazu, aber ER wartete damit bis zum letzten Tag auf dieser für mich denkwürdigen Konferenz, nämlich am 1.1.1981.

An diesem letzten Morgen gab es einen abschließenden Vortrag mit Wilfried Führer als Referenten. Dieser rückte die Episode aus Johannes 21 ins Fadenkreuz seiner Gedanken, in der Jesus Petrus dreimal fragte:

„Hast du mich lieb?"

Das war nun genau die entscheidende Frage für mich, nicht die Frage nach meinen Fähigkeiten, sondern nach meinem Herzen. Und Jesus fragte Petrus ja nicht nur einmal, sondern eben dreimal, was der Referent ganz genauso machte. Und ich spürte, wie nicht der Mensch vorne am Rednerpult mir diese Frage stellte, sondern Jesus: *„Günter, hast du mich lieb?"* Ich durchforstete daraufhin mein Innenleben, was zugegebenermaßen einige Zeit dauerte. Mittlerweile stellte Jesus bzw. der Referent zum dritten Mal diese Frage: *„Hast du mich lieb?"* Und ich wusste, dass Jesus eine Antwort erwartete. Und dann kam aus meinem Herzen diese Antwort: *„Also, im Prinzip schon, doch ja, ich habe dich lieb!"* Nachdem ich diese Worte in meinem Inneren ausgesprochen hatte, fuhr der Referent sogleich fort: „Wenn du diese Frage bejaht hast, dann kommt dein Auftrag: Weide meine Schafe!" In diesem Augenblick, ich weiß eigentlich gar nicht, wie ich das näher beschreiben soll, kam der Heilige Geist mit einer Nähe und Dichte über mich, dass ich nichts mehr wahrnahm, was vorne, neben oder hinter mir passierte. Schließlich war der Vortrag zu Ende, die Studenten links und rechts neben mir verließen ihre Plätze, ich blieb sitzen und war immer noch tief berührt. Ich wusste nun ganz klar, dass Gott mich gerufen hatte, und zwar meinen Beruf als Gymnasiallehrer an den Nagel zu hängen und IHM vollzeitig zu dienen. Dass dies mein ganzes Leben über vier Jahrzehnte bis zu meiner Rente dauern würde, konnte ich zu dieser Zeit allerdings noch nicht wissen.

Das bedeutete damals auch ganz praktisch für mich, auf einen sicheren Job zu verzichten und von Spenden zu leben, die durch einen Freundeskreis aufgebracht werden. Ich hatte keine Ahnung, wie man so etwas machte. Aber Gott machte dann tatsächlich Menschen bereit, die damals anfingen, an mich zu geben. Den Anfang machten meine Vermieter, als sie von meinem Berufswechsel erfuhren: „Ab heute hast du Kost und Logis umsonst!" Das senkte schon mal meine Lebenshaltungskosten drastisch. Meine Eltern, insbesondere mein Vater, waren über meinen Schritt, eine sichere Arbeitsstelle mit einer in ihren Augen brotlosen Kunst zu tauschen, ganz entsetzt. Aber dafür gab es eben andere, die nun anfingen, mich zu unterstützen. Manchmal war ich überrascht, weil ich nie gedacht hätte, dass gerade diese Menschen mir etwas geben würden. Wiederum andere, von denen ich eher gedacht hätte, dass sie mich unterstützen würden, gaben nichts.

Für mich war das anfänglich eine sehr spannende Sache, Monat für Monat zu erleben, wie viel Mark jedes Mal für mich zusammenkamen und ob das überhaupt reichen würde. Es reichte… Monat für Monat. Nach einem halben Jahr habe ich angefangen eine Kurve aufzustellen, die die monatlichen Einnahmen an Spenden gegenüber meinen entsprechenden Ausgaben graphisch darstellten. Nach einem ganzen Jahr musste ich feststellen, dass es nicht nur reichte, sondern die beiden Kurven, d.h. Einnahmen und Ausgaben nahezu Monat für Monat deckungsgleich waren. Ich erinnere mich, dass ich im Sommer wegen einer Reisetätigkeit jenseits des Eisernen Vorhangs ca. 1000.- DM mehr brauchte… und siehe da, es kamen ca. 1000.- DM mehr an Spenden rein. Diese Zeit war für mich eine starke Bestätigung, dass Gott treu ist. Das konnte kein Zufall mehr sein, das konnte ich mir auch nicht mehr einbilden.

ER trägt seinen Name Jahwe Jireh völlig zurecht. ER ist mein Versorger. Wir dürfen uns auf diesen Namen im Glauben und Gebet berufen, wenn wir mit IHM unterwegs sind und etwas benötigen. Diese Erfahrungen am Anfang meines vollzeitigen Dienstes haben mein Vertrauen in Gottes Zusagen in Bezug auf unsere Versorgung ein tiefes Fundament gegeben. Gott wusste damals schon, als er mich diese Erfahrungen machen ließ, dass ich ein solches Fundament unbedingt brauchen würde, um die kommenden Glaubensprüfungen zu überstehen. Doch dies ist ein Thema eines weiteren Kapitels: „Die Krise" [1983]in diesem Buch.

Der Scheck [1982]

Einige Zeit nach meiner Beru-
fung in den vollzeitigen
Dienst, zog ich von Köln nach
Bochum, um die dortige Stu-
dentenarbeit der Navigatoren zu leiten. Mechthild,
meine Verlobte, lebte damals in Mönchengladbach,
wo sie ihre Referendarzeit für das Lehramt am Gymnasium ableistete, was mich natürlich auf magische
Weise immer wieder zu diesem Ort hinzog, besonders
an den Wochenenden. Mit Abschluss ihrer Referendarzeit wollten wir beide dann heiraten und eine andere kleine Wohnung in Bochum für uns beide bezie-
hen, denn ich wohnte zu dieser Zeit noch mit drei anderen Männern zusammen in einer Wohngemein-
schaft.

Als nun die Zeit näher rückte, in der Mechthild und ich
vor den Standesbeamten treten sollten, machten wir
uns natürlich auch Gedanken um die finanzielle Ausstattung eines solchen Unternehmens. In einem Ge-
dankenspiel überschlugen wir gemeinsam die Kosten
für eine derartige Haushaltsgründung und kamen
dann mit Umzug, Einrichtung etc. auf etwa 10.000.-
DM. Als ich diese Summe sah, musste ich erst einmal
schlucken. Ja, wo sollten die denn herkommen?

Ich trommelte meine Weggefährten aus der WG zusammen und sagte zu ihnen: „Ich habe ein Problem,
ich brauche in den nächsten Wochen 10.000.- DM und
ich habe keine Ahnung, wo die herkommen sollen."
Einer von den Männern sagte: „Lasst uns beten!"

Dann gingen wir auf die Knie und wir vier Männer beteten konkret für diese 10.000.- DM. Mir flog ein Gedanke dabei durch den Kopf: „Mann, wir sind doch ganz schön naiv!" Aber ich betete mit, obwohl ich keinen großen Glauben hatte.

Und dann war noch eines für uns wichtig: kein Sterbenswörtchen zu irgendjemanden über diese Sache.

Ich hatte damals kein Sparkonto oder sonst irgendein anderes gut gefüttertes Konto, auf das ich im Notfall hätte zurückgreifen können, ebenso keine Goldmünzen oder Bargeldreserven, die man sich evtl. für solche Fälle zurückbehält. Ich hing wirklich in der Luft. Was würde jetzt passieren?

Erst einmal geschah nichts. Doch ein paar Tage später lag ein Brief im Briefkasten, und innendrin lag ein Scheck, ausgestellt über 10.000.- DM. Mir traten die Tränen in den Augen. Es war nicht nur das Ergriffensein über diese großherzige Zuwendung, sondern dass es ganz genau die Summe war, über die wir gebetet hatten. So konnten Mechthild und ich auch voller Vorfreude unser gemeinsames Heim planen ohne dabei in Termindruck zu kommen. Das war ein großer Segen.

Dieser Segen setzte sich auch noch im Vorfeld unserer Heirat in anderen Dingen fort: ein Appartement in Bad Herrenalb zum Nulltarif für unsere Flitterwochen, wie auch einen fahrbaren Untersatz, also ein Auto, zu einem außerordentlichen günstigen Freundschaftspreis. So machten wir hier Erfahrungen, die uns im Glauben stärkten und uns auf die Zeit vorbereiteten, in der es eben nicht so glatt lief und wir auch im finanziellen Bereich in arge Bedrängnis kommen sollten.

Aber das wussten wir damals noch nicht und das war auch gut so.

Die Krise [1983]

Seit meiner Berufung in den vollzeitigen Dienst 1981 hatten wir uns an das finanzielle Wunder der Versorgung schon fast gewöhnt, dass jeden Monat ziemlich genau das an Spenden hereinkam, was wir brauchten. Warum sollte sich  das ändern, da wir Gott als so treu erlebten? Mit der Heirat von Mechthild und mir stiegen allerdings unsere Aufwendungen auf das nahezu Doppelte, aber ich war sehr zuversichtlich, dass auch dies höhere Budget für Gott kein Problem war. Außerdem hatte unsere Heirat ja auch genügend Menschen mitbekommen, so dass es für mich offensichtlich war, dass es für Gott nicht allzu schwer sein sollte, entsprechende Menschenherzen zu bewegen, uns zu unterstützen.

So war ich allerdings etwas überrascht, als nach dem ersten Monat unserer Hochzeit nicht mehr Geld, sondern sogar etwas weniger als vorher hereinkam. In diesen Tagen nach unserer Heirat und der Inbesitznahme einer neuen gemeinsamen Wohnung schwebte ich noch auf Wolke sieben, so dass mich das kaum berührte. Im darauffolgenden Monat änderte sich das allerdings in keinster Weise. Das fing mich nun doch in der Tat an, etwas zu beunruhigen, aber da ich mir keiner Schuld bewusst war und gelernt hatte, Gott auch in den finanziellen Dingen zu vertrauen, sagte ich mir: Vielleicht ist das so eine Art Prüfung, durch die ich einfach hindurch muss.

Als im dritten Monat noch weniger hereinkam, wusste ich, dass sich unsere Lage nicht einfach mit einem „Weiter so" ändern würde. Schließlich folgte noch ein Anruf von der Zentrale der Navigatoren in Bonn, wie ich mir denn mit diesem finanziellen Rahmen meine Zukunft vorstellen würde. Spätestens an dieser Stelle merkte ich: Ich hatte ein echtes Problem. Mein Glaube und mein Vertrauen in Gott begannen wie eine rissige Wand zu bröckeln. Ich wusste nicht mehr, was ich tun sollte.

Also nahm ich mir einen Tag frei, nicht nur, um in mich zu gehen, sondern mich an Gott zu wenden, um zu sehen, was denn eigentlich los war: „Gott, du hast mich schließlich in diesen Dienst und in diese Abhängigkeit von dir gerufen! Und jetzt dieses Desaster. Vielleicht sollte ich ja wieder ins normale Berufsleben zurück? War es möglicherweise sogar falsch gewesen, zu heiraten?" Solche Gedanken geisterten in meinem Kopf herum und nahmen mich gefangen, weil ich einfach keinen Ausweg aus diesem Dilemma sah.

Ich weiß nicht mehr wie es konkret dazu kam, aber im Laufe dieses Tages wurde ich zu einer Passage im Alten Testament geführt, und zwar zu 1. Könige 17, 1-9:

„Und es sprach Elia, der Tischbiter, aus Tischbe in Gilead zu Ahab: So wahr der HERR, der Gott Israels, lebt, vor dem ich stehe: Es soll diese Jahre weder Tau noch Regen kommen, ich sage es denn. Da kam das Wort des HERRN zu ihm: Geh weg von hier und wende dich nach Osten und verbirg dich am Bach Krit, der

zum Jordan fließt. Und du sollst aus dem Bach trinken und ich habe den Raben geboten, dass sie dich dort versorgen sollen. Er aber ging hin und tat nach dem Wort des HERRN und setzte sich nieder am Bach Krit, der zum Jordan fließt. Und die Raben brachten ihm Brot und Fleisch des Morgens und des Abends und er trank aus dem Bach. Und es geschah nach einiger Zeit, dass der Bach vertrocknete; denn es war kein Regen im Lande. Da kam das Wort des HERRN zu ihm: Mach dich auf und geh nach Zarpat, das bei Sidon liegt, und bleibe dort; denn ich habe dort einer Witwe geboten, dich zu versorgen."

Als ich diese Stelle näher betrachtete, fiel mir eine verblüffende Parallele zu meiner momentanen Situation auf. Elia war wohl ohne Zweifel im vollzeitigen Dienst. Er wurde von Gott treu versorgt und hatte das, was er benötigte, zwar kein Luxusappartement mit Schwimmbad, aber es reichte zum Leben. Und dann geschah in dieser Geschichte etwas, was den Versorgungsfluss zum Erliegen brachte: Der Bach trocknete aus. Ja, was ist denn hier los? Die Anweisung Gottes, aus dem Bach seinen Durst zu stillen, endete in einer Sackgasse. Gott ordnet etwas an – und dann ist auf einmal diese göttliche Order Schnee von gestern und etwas ganz Anderes ist dran.

Ich fühlte mich durch diese Zeilen stark angesprochen. Das war ja genau meine Situation. Gott hatte mich fast zwei Jahre treu versorgt, aber jetzt war etwas Neues dran. Wie ging es bei Elia weiter? In Vers 8-9 lesen wir: *„Da kam das Wort des Herrn zu ihm: Mache dich auf und geh nach Zarpat, das bei Sidon* *liegt, und bleibe dort; denn ich habe dort einer Witwe geboten, dich zu versorgen."*

Als ich diese Zeilen las, sagte ich zu mir: „Ich kenne keine arme Witwe, ich kenne nur arme Studenten!" Und dann hörte ich in meinem Inneren das Wort: *„Genau!"*

Und sogleich war es mir klar. Die Studenten in Bochum sollten auch einen Beitrag haben, mich zu versorgen. Das war bisher nicht auf meinem Schirm – und doch eigentlich sehr naheliegend. Es fiel mir sehr schwer, sie zu bitten, mich finanziell zu unterstützen und uns als Familie mitzutragen, aber aus meiner heutigen Sicht, knapp 40 Jahre später, sehe ich dies mit ganz anderen Augen. Durch diese zwangsläufige Thematisierung unserer Situation sind bei mir persönlich einige Dinge in Bewegung gekommen.

1. Diese Darlegung unserer Bedürfnisse hat meinen geistlichen Stolz in die Mangel genommen. Ich war doch irgendwie ganz schön Stolz auf meinen Glauben, besonders was eben finanzielle Dinge betraf. Ich hatte dies zwar in keinster Weise geäußert, aber die Kollegen, die finanzielle Probleme hatten, hatten eben einfach keinen oder zu wenig Glauben. Dieser Zahn ist mir damals gezogen worden.

2. Die Darstellung meiner finanziellen Situation vor den Bochumer Studenten nahm nur ca. 20 Minuten in Anspruch, was rückwirkend allerdings das effektivste Fundraising war, was ich jemals durchgeführt hatte. Selbst heute noch, fast 40 Jahre später, unterstützen uns noch einige dieser „armen

Studenten" aus der Bochumer Zeit. Es sind heute natürlich keine Studenten mehr, sondern Ärzte, Ingenieure oder auch schon Rentner.

3. Der Herr machte mir klar, dass zur Jüngerschaft bzw. zu der Nachfolge Jesu auch der verantwortliche Umgang mit Finanzen gehört. Ich hatte alles Mögliche in meinem Kopf, was einen Nachfolger Jesu charakterisieren sollte, von Bibellesen, Gebet, Zeugnis geben oder einfach seine Gaben zu entdecken und einzusetzen etc., aber den verantwortlichen Umgang mit Finanzen zur Ehre Gottes hatte ich irgendwo übersehen. In Deutschland ist man oft zwangsweise mit der erhobenen Kirchensteuer dabei, seinen Obolus zu entrichten, allerdings ist hier in der Nachfolge Jesu noch viel Luft nach oben, was das großherzige Geben betrifft.

4. Gott will keine Einzelkämpfer, sondern Er führt uns in aller Regel so, dass sich eine tragende Gemeinschaft für seine berufenen Diener entwickelt. Diese kann direkt vor Ort oder auch über ein ganzes Land verstreut sein. Aber sie haben es auf dem Herzen, mit ihren Ressourcen genau diese Person und ihre Mission zu unterstützen.
Kommt es nicht zur Entwicklung einer solch tragenden Gemeinschaft, dann ist es m.E. so, dass man sich nochmals genau seine Berufung anschauen soll und Gott in der Tat die Frage stellen darf, ob nun seine Zeit des voll- bzw. halbzeitigen Dienst ausläuft.

Jedenfalls war mit dieser Intervention, in der wir unserer finanziellen Bedürfnisse vor den Bochumer Studenten dargestellt hatten, Bewegung in unsere finanzielle Situation gekommen. Nach einiger Zeit kamen wir auf diese Weise wieder aus den negativen Zahlen heraus. Allerdings zog sich diese Phase über einige Jahre hin und es gab immer wieder Zeiten, in denen wir nur knapp über die Runden kamen und der Kühlschrank uns mit gähnender Leere anstarrte.

Was ich heute im Rückblick erkenne, ist, dass Gott verschiedene Wege und Möglichkeiten gebraucht, um uns zu versorgen und seine Treue zu zeigen. Diese Erfahrung von Mangel war ein erster Fingerzeig, dass Er nicht nach Schema „F" verfährt. Wenn wir Mangel erfahren, ist es von ausschlaggebender Bedeutung damit zu Gott zu kommen und bei IHM anzuklopfen, was ER uns damit sagen oder zeigen möchte. Dies kann etwas völlig Verschiedenes sein, als was Gott anderen oder er uns ein paar Jahre zuvor gezeigt hat. Gott geht mit seinen Dienern sehr persönlich und individuell um. Und wenn wir an seine Tür klopfen und IHM unser Anliegen vorlegen, wird er antworten. Ob uns diese Antwort schmeckt, ist eine ganz andere Sache, aber ER ist sehr kreativ und hat eine breite Palette von Wegen zur Verfügung, wie Er uns seinen Segen zukommen lassen möchte.

Der 10 DM Kreislauf [1984]

Es klingelte an meiner Woh-
nungstür in Bochum und mir
gegenüber stand ein Stu-
dent, den ich vor ein paar Tagen an unserem offenen
Abend kurz kennengelernt
hatte. Nennen wir ihn Werner. Er hatte mich auf die-

sem Abend um 10 DM gebeten, die er umgehend dringend benötigte. Er würde sie mir dann bei nächster
Gelegenheit sogleich wieder zurückgeben. Ich gab
ihm das Geld, weil ich ihm aus der Patsche helfen
wollte und machte mir darüber keine weiteren Gedanken mehr. Als Werner nun vor meiner Wohnungs-
türe stand, dachte ich erst, er wolle mir jetzt die 10
DM wieder zurückgeben, aber mit diesem Gedanken
lag ich völlig daneben. Er bat mich nochmals um die
Summe von 10 DM, erzählte mir, dass er völlig blank
sei und dringend etwas Geld benötigte, um über die
nächsten Tage zu kommen. Als ich zögerte, zitierte er
einen Bibelvers aus der Bergpredigt: *„Gib dem, der
dich bittet, und wende dich nicht ab von dem, der etwas von dir borgen will."* (Matthäus 5,42)
Nachdem durch diesen Bibelvers ein nicht unerhebli-
cher Druck mir gegenüber aufgebaut wurde, beschlich
mich ein eigenartiges Gefühl, dass hier etwas nicht
stimmte. Zusätzlich kam mir ein Bibelvers in den Sinn,
wo es heißt, dass man seine Perlen nicht vor die Säue
werfen solle (Matthäus 7,6). So lehnte ich seine Bitte

diesmal klar und höflich, soweit mir dies unter diesen Umständen möglich war, ab. Dies hatte zur Folge, dass er mich beschimpfte und dann fluchtartig verschwand. Ich beschloss, der Sache nachzugehen und befragte verschiedene Mitarbeiter unserer Gruppe über Werner. Es stellte sich heraus, dass er schon etliche Mitglieder unserer Gruppe auf eine clevere Art und Weise durch ein raffiniertes Umschuldungssystem finanziell angezapft hatte. Es fiel uns zunächst gar nicht auf, weil nach ein paar Tagen in der Tat etliche ihr Geld wieder zurückbekamen. In Wirklichkeit stammte dieses Geld aber von jemand anderen, nämlich von einer weiteren Person, von der er sich gerade die 10 DM geborgt hatte.

Nach einem spontanen Besuch von mir bei ihm stellte sich außerdem heraus, dass er Alkoholiker war und das Geld, was er aus dem „Umschuldungskreislauf" entzog, einfach versoff.

Im weiteren Verlauf hatten wir ihm eine Therapie bzw. einen Entzug in einer Klinik nahegelegt. Damit war er auch zunächst einverstanden, allerdings trat er diese Entziehungskur zu dem Zeitpunkt, da diese beginnen sollte erst gar nicht an.

Offensichtlich ist es nicht immer ratsam, scheinbar bedürftigen Personen mit einer finanziellen Gabe unter die Arme zu greifen, obwohl sie in Nöten sind. Oft werden wir von der Unmittelbarkeit des Mangels so angerührt, dass wir unser Geld geben, ohne weiter darüber zu reflektieren, ob dies auch in der Tat angebracht und sinnvoll ist.

Dies gilt auch für unsere anderen Ressourcen wie unsere Zeit, leidenschaftliches Engagement, Know-how etc. Wir sind hier gut beraten, wenn wir das nicht denen überlassen, die z.B. am lautesten schreien, sondern darüber reflektieren, wo es uns am sinnvollsten erscheint. Hier ein paar Gedanken dazu:

Wem geben?

Die Frage ist, wem geben wir unsere Hilfe oder unser Geld und wem nicht? Unser Geld, unsere Zeit und unsere Ressourcen sind begrenzt, deshalb müssen wir wählen, wem wir etwas geben. Da gibt es kein Patentrezept, da wir in aller Regel es nicht in der Hand haben, was der andere damit anfangen wird.

Meine Frau ist seit ca. 2016 in der Arbeit mit Flüchtlingen engagiert. Nach einer ersten Zeit des eifrigen Einsatzes für diese armen und entwurzelten Menschen folgte nach einem Jahr eine ernüchternde Bilanz. Der Großteil der Flüchtlinge war und ist an einer Hilfe, die sie in die deutsche Gesellschaft integriert, gar nicht weiter interessiert. Ein Teil, meistens junge Männer, fingen sogar vor unseren Augen an, sich zu kriminalisieren, kamen auf die schiefe Bahn, logen, erpressten oder klauten.

Deutsch lernen war zu anstrengend, da blieb man lieber unter sich, schaute das Fernsehen aus der Heimat und spielte mit seinem Smartphone exzessiv irgendwelche Ballerspiele. Natürlich gab es auch andere, lernwillige Migranten unter diesen Menschen, aber nach unserer Beobachtung waren diese eher in der Minderzahl.

Wie war das eigentlich bei Jesus? Wem hat er geholfen und wen ließ er links liegen und ging an ihm vorbei? Er hatte allerdings auch den Durchblick, wen er da auch immer vor sich hatte, denn es heißt:

„Als er aber am Passafest in Jerusalem war, glaubten viele an seinen Namen, da sie die Zeichen sahen, die er tat. Aber Jesus vertraute sich ihnen nicht an; denn er kannte sie alle und bedurfte nicht, dass ihm jemand Zeugnis gab vom Menschen; denn er wusste, was im Menschen war."

Johannes 2,23-25

Jesus durchschaute nicht nur die Motivation seines Gegenübers, sondern er war ständig mit dem Vater auf enge Art und Weise verbunden. So heißt es in Johannes 5,19:

„Der Sohn kann nichts von sich aus tun, sondern nur, was er den Vater tun sieht; denn was dieser tut, das tut gleicherweise auch der Sohn." Jesus stand im ununterbrochenen, innigen Kontakt mit dem Vater im Himmel. Somit wusste er zudem immer, was zu tun war. Schon als Zwölfjähriger äußerte er sich gegenüber seinen Eltern auf diese Weise: *„Wisst ihr nicht, dass ich sein muss in dem, was meines Vaters ist?"* (Lukas 2,49b) Maria und Josef hatten dieses Statement zwar gehört, aber nicht verstanden. Welchen Vater meint er? Josef? Das konnte irgendwie nicht sein. Den Gedanken, Jahwe als Vater zu bezeichnen, war schon ungewöhnlich genug und drückte eine ausgesprochen

enge Beziehung aus, die noch nicht einmal die Propheten des AT für sich so in Anspruch genommen hatten.

Wenn wir eine enge Verbindung mit Gott pflegen, dann spüren wir manchmal, was zu tun ist, selbst wenn es der Vernunft und dem Verstand widerspricht. Aus der Praxis des täglichen Lebens muss ich leider bekennen, dass diese Gewissheiten bei mir wie auch bei anderen eher die Ausnahme als die Regel sind. Deshalb ist es gut, auch nach Leitlinien oder Prinzipien Ausschau zu halten, die uns aus dem Wort Gottes erst in unsere Herzen und dann auch in unsere Hände gelegt werden. Einen Schlüsselvers dazu habe ich in Jesaja 58,7 wiedergefunden, wo es heißt:

„Brich dem Hungrigen dein Brot, und die im Elend ohne Obdach sind, führe ins Haus! Wenn du einen nackt siehst, so kleide ihn, und entzieh dich nicht deinem Fleisch und Blut!"

Worte aus der Schrift können nicht nur buchstäblich, sondern auch im übertragenen Sinn gedeutet und verstanden werden, wie wir es z.B. aus Jesaja 61,1 sehen. Dort heißt es: *„Der Geist Gottes des HERRN ist auf mir, weil der HERR mich gesalbt hat. Er hat mich gesandt, den Elenden gute Botschaft zu bringen, die zerbrochenen Herzen zu verbinden, zu verkündigen den Gefangenen die Freiheit, den Gebundenen, dass sie frei und ledig sein sollen."* Die Gefangenen und die Gebundenen sind nun nicht Leute, die im Gefängnis sitzen, sondern vom Satan gebunden sind. Weiter bedürfen auch die Menschen mit einem gebrochenen Herzen keiner

Herzoperation, sondern seelischer bzw. emotionaler Heilung.

Unser Schlüsselvers aus Jesaja 58,7 steht weiter im Zusammenhang mit einer falsch verstandenen Religiosität, insbesondere das falsche Fasten wird hier aufgeführt. Dieses falsche Fasten betont die fromme Leistung vor Gott, wobei im gleichen Atemzug der Mitmensch unterdrückt, ausgebeutet und missachtet wird. Dieses falsch verstandene Fasten erhöht sich selber vor Gott und erniedrigt den Nächsten, mit dem man zu tun hat, d.h. dessen Bedürfnisse werden links liegen gelassen. Interessant in diesem Zusammenhang sind dabei die 4 Arten von Menschen, auf die uns der Geist Gottes durch den Propheten explizit hinweist. An erster Stelle werden genannt:

1] Die Hungrigen

Hungrige Menschen sind bereit, etwas zu investieren, damit ihr Hunger, welcher Art auch immer, gestillt wird. Im reichen Westen laufen uns kaum noch Menschen über den Weg, die physischen Hunger leiden, also nichts oder wenig zu essen haben. Selbst die Bettler in der Fußgängerzone in Bonn hatten für sich ja noch nicht einmal ein Brot oder Brötchen vom Stadtbäcker abgeholt.

In Amos 8,11 ist von einem anderen Hunger die Rede: *„Siehe, es kommt die Zeit, dass ich einen Hunger ins Land schicken werde, nicht einen Hunger nach Brot oder Durst nach Wasser, sondern nach dem Wort des Herrn, es zu hören."*

An anderer Stelle ruft Jesus aus: *„Wen da dürstet, der komme zu mir und trinke!"* (Johannes 7,37)
Hier geht es um einen geistlichen Hunger nach Gott, nach seinen Wegen, nach seinem Wort, nach einer Begegnung mit IHM selber. Dies sind Menschen, die bereit sind, dafür etwas zu investieren. Das können schon gläubige Christen sein, aber auch Menschen, die Jesus noch nicht kennen. Können wir solche Menschen in unserer Umgebung sehen? Wenn ja, dann sollen wir mit ihnen unser „Brot" teilen und sie einladen, in die Nachfolge Jesu zu investieren. Können wir aber keine derartigen Menschen sehen, dann ist es Zeit, sich aufzumachen und Gott zu bitten, dass ER uns einen solchen Menschen schenkt.

2] Die Elenden ohne Obdach
... und die im Elend ohne Obdach sind, führe ins Haus. "
Was sind das für Menschen. Wer sind diese „Obdachlosen", zu denen uns Gott schickt?
Wenn wir das wieder im übertragenen Sinne verstehen, dann sind das Menschen, die geistlich kein Obdach haben. Ein geistliches Obdach kann in diesem Zusammenhang als eine Gemeinschaft von Gläubigen mit einem Hirten, der die Herde führt, verstanden werden. Diese geistlich Obdachlosen haben sich aus irgendwelchen Gründen von ihrer Herde und ihrem Hirten abgewandt oder sie haben nie richtig zu einer christlichen Gemeinschaft dazugehört. Oftmals sind sie entmutigt, verletzt oder gar verbittert. Sie sind enttäuscht und brauchen Menschen, die ihnen zuhören und die sie ermutigen und einfach liebhaben.

Ihnen fehlt die Erfahrung einer lebendigen, tragenden Gemeinschaft, deren Mittelpunkt Jesus selber ist. Gott ruft uns zu, diese „Obdachlosen" nicht links liegen zu lassen, sondern sich liebevoll um sie zu kümmern und letztlich wieder in sein Haus zurückzuführen.

3] Die Nackten
Über diese Gruppe heißt es in dem Text: *„Wenn du einen nackt siehst, so kleide ihn."*
Im übertragenen Sinne sind dies Menschen, die sich schämen, die emotional frieren und unter der Kälte der Gesellschaft leiden. Sie sind isoliert und haben keine Freunde. Es sind auch die, die jemanden verloren haben oder deren Beziehungen zerbrochen sind. Diesen Menschen sollen wir wieder „Wärme" zukommen lassen. Aufmerksamkeit und Zuwendung oder einfach nur „Zuhören" sind in diesem Sinne die Kleider, die ihnen die nötige Wärme und Geborgenheit geben wird.
„Einsamkeit" ist wohl die am weitest verbreitete Seuche unserer Zeit. Dies betrifft nicht nur alte Menschen in Pflegeheimen, sondern zieht sich mittlerweile durch die ganze Gesellschaft. Ein typischer Indikator dafür sehen wir in der wachsenden Zahl von Singel-Haushalten, besonders in Großstädten.
Deshalb ist das Erleben von ehrlicher und aufrichtiger Gemeinschaft für viele schon etwas ganz Besonderes, weil sie dies gar nicht mehr so kennen und kann Menschen, die emotional frieren, tief und nachdrücklich berühren.

4] Die eigene Familie

Wenn wir uns in den obigen 3 Punkten nachhaltig engagieren, neigen wir dazu, die eigene Familie zu vernachlässigen oder, was noch schlimmer ist: Wir gebrauchen unser soziales oder berufliches Engagement als Deckmantel, um die engsten Beziehungen in der eigenen Familie nur noch mit einer Art „Notfallprogramm" laufen zu lassen, d.h. wir kümmern uns nur noch darum, wenn es irgendwo brennt, der Partner mit Scheidung droht oder ein Kind ernsthaft krank wird oder die Schulklasse wiederholen muss.

Das Wort Gottes ermahnt uns, diese wichtigsten Beziehungen nicht zu vernachlässigen, sondern ihnen eine hohe Priorität in unserem Leben einzuräumen.

Ich begegne immer wieder den verschiedensten Menschen, die sich die Frage stellen, wo sie sich mit ihren Gaben, Geld und Potential einbringen sollen. Diese Aussage aus Jesaja 58,7: *„Brich dem Hungrigen dein Brot, und die im Elend ohne Obdach sind, führe ins Haus! Wenn du einen nackt siehst, so kleide ihn, und entzieh dich nicht deinem Fleisch und Blut!",* sind eine gute Richtschnur, an der wir uns orientieren können. Wenn wir uns diese vier Empfehlungen zu Herzen nehmen, dann sind wir dicht an dem dran, was Gott wichtig ist, besonders wenn es um unsere Zeit, aber auch unser Geld geht.

Die doppelte Miete [1985]

Im Spätsommer 1985 zog unsere kleine Familie nach Karlsruhe, um dort die Ortsarbeit der Navigatoren zu leiten.

Wir hatten eine für uns wunderschöne Wohnung anvisiert, die allerdings einen respektablen Schönheitsfehler besaß: Sie war einfach zu teuer, jedenfalls für unser kleines Budget. In Bochum mussten wir pro Monat nur 600.- DM auf den Tisch legen, in Karlsruhe wären für diese Wohnung 1200.- DM fällig, das war das Doppelte. Keine einfache Entscheidung.

Unsere finanzielle Krise aus den ersten Jahren nach unserem Start in Bochum steckte uns noch in den Knochen. Eine nochmalige Erhöhung unseres Budgets um einen nicht unerheblichen Betrag schien mir nicht realisierbar zu sein, da dieser unverzüglich nach unserem Umzug nach Karlsruhe aufgebracht werden musste – und das jeden Monat.

War ich schon so weit, wieder ein Wagnis im Glauben einzugehen oder sollten wir lieber nach einer kleineren, billigeren Wohnung Ausschau halten?

Ich erinnere mich, dass ich in diesen Tagen Psalm 84 las. Dort geht es in Vers 4 um einen Vogel, der ein Haus gefunden hat. Wenn man den Psalm weiterliest, ist in Vers 7 von einem dürren Tal die Rede, der zum Quellgrund wird.

Schließlich kamen wir mit einem anderen Ehepaar zusammen, die auch ein kleines Kind von 2 Jahren hatten, die wir noch aus der Kölner Navigatorenarbeit kannten. Diese Familie wollte auch nach Karlsruhe ziehen. Und in dem Block, in dem unsere Wunschwohnung war, war noch in demselben Haus eine weitere Wohnung frei, so dass es einfach ideal wäre, sich an diesem Ort niederzulassen. Wir könnten uns untereinander helfen, wechselseitig auch auf die Kinder aufpassen und diese hätten gleichzeitig eine Spielkameradin. Die Umstände wurden immer einladender. Nach einigen Tagen hatte ich diese innere Gewissheit: Wir gehen das Risiko ein. Wir wussten zwar noch nicht, wie wir das Geld für die doppelte Miete aufbringen sollten, aber wir waren nun wieder herausgefordert, einen Schritt im Glauben zu wagen.

Meine Gedanken richteten sich in erster Linie darauf, unser schmales Budget bzw. unser Spendenaufkommen zu erhöhen, was allerdings nicht passierte, da diesmal Gott einen anderen Weg für uns hatte.

Dies war nun das zweite Mal – und es sollte nicht das letzte Mal sein – dass Gott andere Wege benutzte, als die, die in unseren Köpfen kreisten.

Wenn ich heute auf diese Zeit zurückblicke, scheint mir das, was nun passierte, fast zu simpel zu sein, wie wir damals den doppelten Betrag für unsere monatliche Miete aufgebracht hatten.

Es geschahen drei Dinge, die ich nicht im Blick hatte. Da kam als Erstes das Angebot von der Familie mit dem kleinen Kind, das uns einen Mietzuschuss von monatlich 200.- DM zusicherte. Blieben 400.- DM.

Zweitens zog einer der Studenten der Karlsruher Navigatorenarbeit mit in unsere Wohnung, wobei das Dachzimmer sich hervorragend dafür eignete und er sicherte uns weitere 200.- DM zu. Blieben 200.- DM. Und drittens kamen wir auf die Idee, bei dem Amt, das für die Auszahlung von Wohngeld zuständig ist, wegen eines Mietzuschusses nachzufragen, und es gewährte uns auf Antrag prompt weitere 200.- DM im Monat, womit die Differenz zur Wohnung in Bochum auf null DM fiel. Das war nun fast etwas unspektakulär, aber doch sehr wirksam, wie der Berg einer doppelten Miete für uns zur Ebene wurde, die wir einfach und ohne weitere Anstrengungen durchschreiten konnten.

Was wir damals noch nicht wussten, war, dass diese Wohnung für die nächsten Jahrzehnte bis zum heutigen Tage für uns ein Ort wurde, der unser zu Hause sein sollte. Das war ein echtes Geschenk für uns und dafür bin ich bis heute dankbar.

Die Seelsorgeschulung Karlsruhe [1989 - 1999]

Als wir im Jahre 1981 die Bochumer Studentenarbeit der Navigatoren übernahmen, merkten wir bald, dass einige dieser Studenten schwerwiegendere Probleme hatten, als dass wir ihnen wirksam hätten  helfen können. So waren wir noch im Kielwasser dieser Erfahrung schon innerlich darauf vorbereitet, als uns im Jahre 1987 ein Angebot zur Fort- und Weiterbildung in therapeutischer Seelsorge auf den Tisch flatterte.

Die Sache hatte allerdings zwei Haken. Erstens war die Ausbildungsstätte in Wuppertal, das war von Karlsruhe ziemlich weit weg und zweitens gab es die Seminare und Praktika etc. nicht zum Nulltarif. Meine Frau und ich überlegten hin- und her, dann entschieden wir uns, gemeinsam ein Schnupperseminar zu besuchen und waren davon so angetan, dass wir gleich weitere Seminare buchten. Die Leitung der Ausbildung war in den Händen von Reinhold Ruthe, ein schon damals geschätzter und geachteter Seelsorger und ebenfalls Leiter der Eheberatungsstelle in Wuppertal, auch als Autor etlicher Bücher etc. bekannt.

Die Kosten für Fahrt, Seminare und Praktika waren zwar nicht gerade wenig, aber unsere Finanzen reichten soeben noch dafür aus, manchmal bekamen wir sogar von Freunden und Sponsoren einen Teil der Kosten erstattet.

Während der Ausbildung zum therapeutischen Seelsorger fing der Strom der Ratsuchenden an, stetig zu wachsen und zu wachsen, so dass wir uns einen AB anschafften und eine Warteliste führen mussten.

Dieser Andrang ließ in uns nun immer klarer die Überzeugung reifen, dass wir selber mehr befähigte Seelsorger zur Unterstützung dieser Unzahl von Anfragen brauchten.

Als nach drei Jahren die Ausbildung zum therapeutischen Seelsorger sich dem Ende zuneigte, wurden wir vom Institut gefragt, ob wir nicht in Karlsruhe die Leitung einer Zweigstelle übernehmen wollten. Dies kam für uns erst einmal etwas überraschend, da unser Abschluss noch nicht unter Dach und Fach war, aber nach wenigen Wochen konnten wir uns mit dieser neuen Perspektive, in Karlsruhe Seelsorger auszubilden, anfreunden und begannen die ersten Seminare durchzuführen.

Ich hatte damals den Eindruck, dass diese Tätigkeit weniger für mich dran war, aber für meine pädagogisch begabte Frau schien das so richtig zu passen. Jedenfalls war es so, dass damit letztlich der Grundstein der Seelsorgeschulung Karlsruhe gelegt wurde, die erst meine Frau und später auch ich, zusammen mit einem Ausbilderteam, in diesen Jahren aufbauten.

Was hat dies nun mit Geld zu tun? Ganz einfach: Durch die Beratungen und auch unsere Angebote zur Fort- und Weiterbildung in therapeutischer Seelsorge hatten wir immer wieder Einnahmen, die nicht über das Spendenkonto der Navigatorenarbeit in Bonn liefen. Ohne unsere Absicht hatte uns Gott ein zweites finanzielles Standbein geschenkt, so dass wir unseren erhöhten Finanzbedarf dadurch gut decken konnten.

Aber es gab noch eine weitere Auswirkung, was unsere Finanzen betraf. Diese waren nicht direkt spürbar, sondern setzen erst später ein, also mit etwas Verzögerung. Durch die Beratungstätigkeit wie auch die Schulungen erhöhte sich unser Bekanntheitsgrad in der christlichen Szene massiv. Dies äußerte sich nicht nur in wachsenden Anfragen nach Predigten und Vorträgen, sondern ab und an wurde damit auch unser Navigatorenkonto in Bonn gefüttert. Noch heute, im Jahre 2021, gibt es regelmäßige und sporadische Spender, die uns auf diese Weise unterstützen.

Dies konnten wir damals im Jahre 1987 unmöglich vorhersehen, als wir ganz begeistert von dem Schnupperseminar in Wuppertal nach Hause kamen und unser Herz ganz einfach in die Richtung leitete, Menschen helfen zu können, bei denen wir bislang passen mussten.

Nachdem wir 10 Jahre lang Menschen ausgebildet und ihnen seelsorgerlich gedient hatten, zeigte uns der Herr klar und deutlich auf, dass die Zeit dieses Dienstes für uns nun zu Ende gehen sollte. Aufgrund eines innerlichen Eindrucks, einer Beratung durch einen Coach sowie letztlich ausschlaggebend durch eine klare, prophetische Anweisung in der Öffentlichkeit war mir umgehend eines ganz klar: Die Seelsorge Schulung Karlsruhe wird geschlossen!

Das haben etliche damals nicht verstanden und ich kann es ihnen nicht verdenken, da ich es zu diesem Zeitpunkt selber nicht so richtig verstanden hatte. Ich wusste nur eins: Die Zeit der Seelsorgeschulung Karlsruhe war abgelaufen.

Wenn ich heute in den Rückspiegel sehe, dann war es damals für mich auch viel besser, den Grund eben nicht zu wissen, warum dieses rote Stoppschild vor meinen Augen auftauchte. Ein Jahr später begann für mich eine neue Zeit, eine Zeit des Leidens, eine Wüstenzeit. Ich wäre gar nicht mehr in der Lage gewesen, Seminare oder andere Schulungen abzuhalten. Und so nahm mein Leben wieder eine unvorhergesehene Wende und damit auch die Art und Weise, mit der Gott uns versorgte, aber das konnten wir damals natürlich noch nicht erkennen.

Die Erbschaft [1999]

Als meine Mutter 1998 starb, hinterließ sie ein nicht geringes Vermögen, das unter uns 3 Geschwistern aufgeteilt wurde. Da es einige Zeit in Anspruch nahm, diese  finanziellen Angelegenheiten zu regeln, dauerte es bis 1999, dass das Geld und die übrigen Vermögenswerte auf meinem Konto landeten bzw. zu unseren Gunsten überschrieben wurden.

Es war ein neues Lebensgefühl für mich, so viel Geld in den Händen zu haben. Ich ging durch ein Autohaus, betrachtete mir die schnittigen Fahrzeuge und wusste: Ich konnte es mir einfach kaufen, wenn ich wollte. „Aber was will ich denn eigentlich?", dachte ich. Und wie ich darüber nachdachte, machte ich einen entscheidenden Fehler. Ich habe Gott dabei einfach vergessen, ich habe ihn nicht gefragt, zumindest kann ich mich nicht mehr daran erinnern. Jedenfalls wollte ich dieses Gefühl von finanzieller Unabhängigkeit nicht mehr verlieren. Ich weiß, was ich tue, dachte ich: „Ich werde das Geld und das Vermögen zu einem großen Teil auf eine Weise investieren, dass ich nicht mehr so deutlich von Spenden abhängig sein werde. Wenn man es geschickt anstellt, dann müsste das monatlich so viel abwerfen, dass man davon sogar leben könnte." Das war mein neues Traumziel, dass ich daraufhin unausgesprochen in den nächsten Jahren und Monaten verfolgte.

Was ich damals nicht wahrnahm, war, dass mein Streben nach finanzieller Unabhängigkeit auch mit einem Streben nach einer Unabhängigkeit mit Gott verknüpft war. Ich wollte nicht mehr auf das Wohlwollen und der Gnade von Spendern abhängig sein. Ich wollte auf „eigenen" Füßen stehen. Dass dieses Streben nach Autonomie und Unabhängigkeit von anderen Menschen auch mit einem Drang nach Ungebundenheit von Gott verknüpft war, erkannte ich damals nicht. Ich wollte nicht mehr weiter aus einer Position der „Schwäche", sondern der Stärke agieren. Aber genau das war es, was Gott nicht mit mir vorhatte. Ich musste erfahren, dass fast sämtliche finanziellen und wirtschaftlichen Investitionen und Geschäftsbeteiligungen im Laufe der nächsten Jahre entweder gar keinen Gewinn mehr brachten oder sogar in Konkurs gingen. Das war eine schmerzliche Erfahrung, aber letztlich brachten sie mich wieder zurück, in die Abhängigkeit – von Gott und den Menschen.

Gott hat mich nicht als Geschäftsmann gerufen, sondern als einen Mitarbeiter, der ihm in seinen finanziellen Angelegenheiten vertraut. Ich dachte, dass ich dies nicht mehr nötig hätte und aus einer Position der (finanziellen) Stärke heraus mein Leben neu in die Hand nehmen könnte. Aber das war ein Irrtum. Und deshalb sind die letzten Seiten dieses Buches eigentlich noch nicht geschrieben, denn es gab und wird immer wieder Gelegenheiten geben, in denen ich herausgefordert bin, meine Hoffnung und Zuversicht auf Gott zu setzen.

Wüstenzeiten [2000]

Was ich in keiner Weise auf meinem Schirm hatte, war der Gedanke, dass ich längere Zeit krank werden könnte. Ich konnte es mir einfach nicht vorstellen, erstmal für einige Zeit nicht mehr mittendrin, sondern nur noch am  Rande des Geschehens sich wiederzufinden. Es war für mich ein befremdlicher Gedanke, mehr als passiver Zuschauer und nicht mehr als Akteur auf der Bühne des Lebens zu agieren. Aber genau das trat ein. Ab Mai 2000 ging es mir gesundheitlich immer schlechter, so dass ich schließlich kaum mehr etwas tun konnte und mich davon auch nicht mehr so richtig erholte. Über ein Jahr konnte ich fast nichts mehr machen und die Ergebnisse der Arztbesuche brachten auch keine klaren Perspektiven, wie meine Behandlung langfristig therapeutisch erfolgreich verlaufen könnte. So fing ich an, diese Welt aus einer ganz anderen Brille wahrzunehmen: die Brille der „Schwachheit" und des „Unverstandenseins", die Sicht der „Gedemütigten", die Perspektive der Matten und Müden, der Position der Betrübten und Verzagten, die nicht weiter wissen.

Das war für mich eine neue Erfahrung, die ich so in seiner Tiefe vorher weder erlebt noch persönlich durchgemacht hatte. Es ist etwas völlig anderes über Schwachheit oder Demütigung zu reden oder in einer Bibelarbeit auszutauschen, als sie selber am eigenen Leibe zu erfahren. In solchen Phasen melden sich auch Zweifel, Enttäuschung und Unsicherheit. Sie klopfen an deine Tür des Herzens und begehren Einlass, besonders wenn man den Sinn nicht erkennen kann und einem nichts mehr bleibt als das nackte Vertrauen, dass Gott meine Lage kennt und ich trotz allem in seiner Hand bin. In solchen Wüstenzeiten des Lebens, wo du dich von Gott verlassen fühlst, wächst die Dankbarkeit über jede Ermutigung, die du wahrnehmen kannst. Ermutigung und Trost und nicht gutgemeinte Ratschläge habe ich in diesen Zeiten ganz neu schätzen gelernt. Liebevoller Zuspruch und Verständnis erwärmen das Herz, aber die Ratschläge des Besserwissers sind Eiter in den Gebeinen, das sind gebliebene Einsichten aus diesen Tagen.

Die Psalmen und die Sprüche sind mir damals besonders ans Herz gewachsen und beim Lesen dieser Zeilen konnte ich mich gut mit den Schreibern identifizieren. Sie erlebten in diesen Situationen, wie ihr Glaube zerrann, und ihr verzweifeltes Gebet keinen Widerhall bewirkte. Gott schien Lichtjahre weit weg und es hatte den Anschein, als wären wir Menschen ihm völlig gleichgültig. In vielen Psalmen und anderen biblischen Passagen gibt es aber eine Wende, eine Hinwendung oder einen paradoxen Perspektivwechsel, wo trotz widriger Umstände das Vertrauen auf Gott ausgedrückt wird. So z.B. in Psalm 69, der mit den Worten beginnt: *„Gott hilf mir! Denn das Wasser geht mir bis an die Kehle. Ich versinke in tiefem Schlamm,* *wo kein Grund ist ...",* das geht in diesem Tenor weiter bis Vers 30. Im nächsten Vers 31 kommt dann die Wende: *„Ich will den Namen Gottes loben mit einem Lied und will ihn hoch ehren mit Dank."* Dies ist paradox, denn offensichtlich hatte sich in der Zwischenzeit, also zwischen den beiden Versen 30 und 31 die Lage des Schreibers in keiner Weise verändert. David fing also auf einmal ohne ersichtlichen Grund an, Gott zu loben. Es gab weder ein Erlebnis noch ein Reden Gottes, das ihn zu diesem Umschwung gebracht haben könnte. Das, was David hier mit seinen Worten ausdrückt, ist einfach nacktes Vertrauen, Vertrauen darauf, das Gott ihn weder im Stich noch fallen lassen wird.

Normalerweise malen wir in solchen Lebensphasen die Zukunft in düsteren Farben und sind nicht auf Dank und Lobpreis gepolt. Es fühlt sich geradezu unecht, künstlich und falsch an, wenn wir trotzdem einen Weg wählen, von dem unsere Gefühle sagen, das ist doch jetzt ganz und gar nicht stimmig.

In dieser Zeit habe ich angefangen, paradoxen Lobpreis über meine Lippen kommen zu lassen. Das fällt schwer, besonders wenn all meine Sinne mir melden: „Was tust du hier eigentlich? Das fühlt sich so kraft- und sinnlos an!" Aber die Schreiber der Bibel, besonders David in den Psalmen können uns mit ihrem Beispiel an die Hand nehmen, eine Spur des Dankens und Lobens durch den Dschungel der Verzweiflung, der Niedergeschlagenheit und der Hoffnungslosigkeit zu bahnen.

Wüstenzeiten sind oft auch Prüfungszeiten, woran wir wirklich glauben und woran unser Herz hängt. Da ich sozusagen ja fast nichts mehr tun konnte, litt mein Wertgefühl auch in nicht unerheblichem Maße darunter. Letzen Endes wurde meine Lebensüberzeugung, dass ich nur dann wirklich wertvoll bin, wenn ich dementsprechend auch was vorzuweisen habe, durch die Mangel gedreht. Ich bekam ein immer schlechteres Gewissen, dass ich die finanziellen Ressourcen von meinen Spendern in Anspruch nahm und nichts Sichtbares mehr vorzuweisen hatte. Ich wusste zwar, dass dies im Grunde genommen keine Haltung war, die mich bestimmen sollte – aber es theoretisch zu wissen, dass ich völlig losgelöst von meinen Beiträgen und meinen Bemühungen genauso von Gott angenommen und geliebt bin, als wenn ich nichts vorzuweisen hätte, ist doch ein spürbarer Unterschied.

Was mich in diesen Tagen besonders beschämte, war die Tatsache, dass nicht ein einziger Spender in dieser Zeit seine Unterstützung einstellte oder reduzierte. So wurde ich in diesen Tagen nicht nur in ein Trainingsprogramm des Vertrauens in Gottes Güte hineingestellt, sondern erlebte auch wie diese sich ganz konkret in der Treue meiner Unterstützer und Spender ganz real auf der Gehaltsabrechnung Monat für Monat widerspiegelte.

Dazu kam, dass meine Frau Mechthild im Jahre 2001 eine halbe Stelle im Städtischen Klinikum Baden-Baden angeboten bekam, um die dortigen Pflegekräfte, insbesondere im Führungsmanagement, weiterzubilden, so dass sie ihre Arbeit auf den Stationen besser, motivierter und kompetenter durchführen konnten. Diese Stelle war für Mechthild ein echtes Geschenk, weil sie sich mit ihren pädagogischen Fähigkeiten an der richtigen Stelle wiederfand. Dies bedeutete auch eine Entlastung für mich, weil sie nicht nur etwas zu tun bekam, was ihren Gaben entsprach, sondern auch eine regelmäßige Einnahmequelle hatte, die unser gemeinsames Budget beständig fütterte.

Gottes Treue und Güte zeigte sich nicht nur in dieser Zeit dadurch, dass die Spender in unerschütterlicher Weise bei uns am Ball blieben, sondern auch dadurch, dass sich neue Wege öffneten, mit denen wir nicht gerechnet hatten. Diese Stelle im Städtischen Klinikum Baden-Baden, heute Klinikum Mittelbaden, hat Mechthild bis zu ihrer Berentung im Jahre 2019 behalten können. Sie hat in dieser Zeit vielen Stationsleitungen auf persönliche und engagierte Weise so gedient, dass sie nicht nur fähiger wurden, ihre Tätigkeit kompetenter und qualifizierter auszuüben, sondern daraus ergaben sich auch persönliche Beziehungen und sogar Freundschaften, die bis heute noch andauern.

Schuldnerberatung [2002]

In den 90er Jahren war meine Frau und ich u.a. in einer christlichen Programmkneipe unter dem Namen „Kashu" engagiert. Mechthild saß nun obendrein einige Zeit mit im Vorstand des Kashu e.V. und damit auch am Steuer dieses Unternehmens. Die bis zu 50  Mitarbeiter hatten die Aufgabe, sich liebevoll und kompetent um die Gäste zu kümmern, so dass es nur ein kleiner Schritt war, um auch über den christlichen Glauben ins Gespräch zu kommen. Dies fiel dann besonders leicht, wenn abends ein spezielles Musikprogramm oder ein anderes Entertainment auf der Tagesordnung stand.

Montags war Ruhetag, so dass wir an diesem Abend unsere Gesprächs- und Bibelgruppen stattfinden lassen konnten. Da es weniger meinen Gaben entsprach bis 1.00 Uhr in der Frühe an der Theke mit den Leuten zu quasseln, brachte ich mich lieber am Ruhetag in den Bibelgruppen ein. Dort sammelten sich alle möglichen Menschen, begeisterte Freaks, berentete Pfarrer, Sozialhilfeempfänger, Menschen mit psychischen Problemen, Gelegenheitsjobber etc. Ich achtete als Moderator natürlich sehr darauf, dass die

Gesprächsanteile einigermaßen ausgewogen waren, wenn die Gruppenteilnehmer aus ihrem Leben erzählten oder ihre Meinung zu dem Bibeltext oder anderen kreativen Einstiegen zum Besten gaben. In einer Bibelgruppe ist es nun auch wie in jeder anderen Gruppe auch. Es gibt Menschen, die sind einem sympathisch, andere weniger.

Ich erinnere mich an den Tag als Karin Gebauer (Name geändert) die Gelegenheit wahrnahm von ihrer Woche zu erzählen. Es sprudelte an diesem Abend nur so aus ihr heraus, was alles in dieser Zeit schiefgelaufen war. Karin gehörte nicht unbedingt zu meinen Sympathieträgern. Sie konnte ohne Pause, ohne Punkt und Komma erzählen, fiel anderen ins Wort, ging mir auf die Nerven und ließ sich nur mit Mühe in die Gruppe integrieren. An diesem Abend erzählte sie, dass sie die Kündigung von ihrem Vermieter bekommen habe und sie im nächsten Monat auf der Straße sitzen würde, wenn nicht etwas Entscheidendes passieren würde. Außerdem hätte sie ein Mahnschreiben vom Otto Versand bekommen, dass sie ihre Monatsraten für die Waschmaschine entrichten solle, sonst würden sie die Angelegenheiten einem Inkasso Unternehmen weiterreichen, und das sind professionelle Schuldeneintreiber.

Ich hörte mir die Sache an... und nahm es als Gebetsanliegen auf. Und wir beteten in der Tat auch dafür, aber es schien mir eher wie eine Art „Feigenblatt" Gebet zu sein, dass etwas zudecken sollte, damit man sich nicht mehr darum kümmern musste.

Wie auch immer, nachdem ich zu Hause war, legte ich mich erstmal gemütlich in die Badewanne, um mich so zu entspannen und zur Ruhe zu kommen. Ich tauchte gemütlich unter und dachte an das, was Karin erzählt hatte.

„Wie kann man nur so unverantwortlich leben?", dachte ich. „Einfach die Miete nicht bezahlen, sich Geräte anschaffen, dann die Rechnungen dazu nicht begleichen und auf Kosten anderer leben. Irgendwie geschieht ihr das ganz recht, dass sie damit Schwierigkeiten, bekommt. Bin ich froh, dass ich solche Probleme nicht habe, Herr"... und mit diesem Gedanken tauchte ich aus der Badewanne auf. In diesem Augenblick meldete sich mit klarer Deutlichkeit der Hl. Geist: *„Günter, du weißt, dass ich dir alle deine Schulden beglichen habe - am Kreuz von Golgatha. Karin ist mein Kind, also kümmere dich um sie und ihre Schulden!"* Ich dachte, was war das denn gerade. „Herr, ich habe doch keine Ahnung, was da wirklich los ist, ich kenne sie eigentlich gar nicht ... und du weißt, dass sie nicht unbedingt ein Sympathieträger von mir ist." Doch noch einmal meldete sich diese Stimme: *„Günter, ich habe dich nicht erwählt, weil du mir sympathisch bist, sondern weil ich dich liebe und voller Barmherzigkeit bin. Geh, mache dich auf und kümmere dich um ihre Schulden!"* Ich war immer noch am Hadern über diesen unbequemen Auftrag vom Herrn, aber es war doch deutlich genug gewesen, so dass ich schließlich anfing, in dieser Angelegenheit aktiv zu werden.

Ich nahm Kontakt zu ihr auf und fragte sie, ob es ihr recht wäre, dass ich mich um ihre Schulden kümmere. Sie war etwas überrascht, willigte aber schließlich ein. Ein paar Tage später habe ich sie besucht und wir machten einen kompletten Kassensturz. Als das Ergebnis nach einigen weiteren Tagen vorläufig feststand, war mir doch etwas flau im Magen, es hatten sich in mehr als 20 Positionen über 10.000 Euro an Schulden angesammelt. Nun, dachte ich, der Herr hatte ja nicht gesagt, dass ich das ausgleichen, sondern dass ich mich darum kümmern sollte. Also bin ich damit erst einmal zu einer Schuldnerberatung gegangen und habe mir Rat geholt, wie man in einem solchen Falle vorgeht.

Schließlich habe ich mit jedem Schuldner Kontakt aufgenommen und jeweils mit ihnen über die entsprechenden Positionen verhandelt. Als weitere Maßnahme habe ich ein Spendenprojekt ins Leben gerufen und auch selber mich daran beteiligt. Der ganze Prozess hat fast 2 Jahre gedauert, bis alles in trocknen Tüchern war. Dabei habe ich sehr viel gelernt, wie es Menschen geht, die in eine solche Schuldenfalle geraten und wie schwer es für sie ist, da wieder herauszukommen. Und dann ist noch etwas mit mir, an meinem Herzen, an meiner inneren Haltung geschehen. Es ist mir nicht mehr möglich, auf Menschen herabzusehen, die Schulden haben. Auch wenn Karin mir nicht sympathischer geworden ist, so durfte ich doch eine kleine Zeit in ihren Schuhen laufen. Dadurch ist mein Verständnis für diese Menschen gewachsen, so dass ich sie nicht mehr verurteile, wie ich das ja damals in meiner Badewanne getan hatte.

Auch ist mir klarer geworden, wie reich Gott mich beschenkt hat, auch gerade finanziell, und dass dies ein echtes Privileg ist.

Es tut uns gut, daran erinnert zu werden, auch wenn es diesmal auf eine andere Art geschah, wie wir uns das normalerweise vorstellen. Gottes Weg mit uns, das habe ich mittlerweile erleben und begreifen dürfen, steckt eben immer wieder voller Überraschungen.

Die Kündigung [2003]

Im Jahre 2003 flatterte uns die Kündigung unserer Wohnung ins Haus. Der Eigentümer wollte unsere Wohnung verkaufen, natürlich ohne Mieter, da sie dann zu einem viel besseren Preis an Interessenten auf dem Markt angeboten werden konnte. Da wir schon seit 1985 in dieser Wohnung waren, hatten wir  eine Kündigungsfrist von einem Jahr. Nichtsdestotrotz wurde die Wohnung auch mit uns als Mieter auf dem freien Markt feilgeboten. Wir mussten sogar noch die Interessenten durch unsere Wohnung führen, die sie vielleicht kaufen und dann eben evtl. auch Eigenbedarf gelten machen würden, so dass wir dann uns nach etwas anderem umzusehen hätten.

Natürlich könnten wir selber auch die Wohnung kaufen, aber von was? Der stolze Preis von über 200.000 Euro überstieg nun doch unsere momentanen Möglichkeiten.

Nun hatte ich zwar eine Wohnung in Bad Vilbel geerbt, aber leider war sie mit dem damaligen Mieter einfach unverkäuflich. Dazu kam noch ein für mich ungünstiger Mietvertrag, den ich damals als Erbe übernehmen musste, welcher kaum die laufenden Kosten deckte, die mit dieser Wohnung in Zusammenhang standen. In diesen Tagen, als wir die Kündigung für unsere eigene Wohnung erhielten, kam außerdem noch eine Renovierungsanforderung dieser Wohnung – per Rechtsanwalt – über neue Fenster, die sich auf knapp 20.000 Euro beliefen.

Das war schon eine angespannte Situation. Die Ungewissheit, ob wir in unserer Wohnung bleiben konnten, einen evtl. Rechtsstreit mit dem Mieter in Bad Vilbel über 20.000.- Euro und keine wirkliche Perspektive, wie das alles weitergehen konnte. Ich sah mich schon in der Schuldenfalle, aus der ich ja gerade jemanden herausgeholfen hatte. Not lehrt beten, das galt auch für mich.

Diese ganze Situation trug ich vor Gott, weniger dass ich eine Lösung von IHM erwartet hätte, sondern überhaupt dies erstmal vor IHN zu tragen.

Und Gott hat auf seine kreative Art in der Tat geantwortet. Es passierte etwas, woran ich eigentlich nie gedacht hätte. Es kam keine große Spende, es gab auch keine Gehaltserhöhung, es gab auch keine Sinnesänderung unseres Vermieters, die Wohnung nicht zu veräußern. Es geschah etwas sehr Einfaches und doch war dies sehr wirkungsvoll: Der Mieter aus unserer Wohnung bekam eine etwas seltsame Art von Atemproblemen, so dass sein Arzt ihm riet, umgehend in ein anderes Klima, am besten an die See zu ziehen. Innerhalb weniger Wochen wurde die Wohnung frei, der Mieter zog aus. Damit erledigten sich umgehend zwei Probleme. Erstens war der Rechtsstreit um die Fenster, die in die Wohnung einzubauen wären, vom

Tisch und zweitens war sie jetzt auf dem freien Markt veräußerbar.

Durch den Verkauf flossen auf unsere Konten 120.000.- Euro, dann handelten wir noch unseren Vermieter auf 180.000.- Euro herunter, so dass wir den Rest mit einem Kredit gut abdecken konnten, der unserer monatlichen Mietenzahlung ziemlich genau entsprach.

Gott sorgt für mich – sein Name ist Jahwe Jireh, mein Versorger. Er hatte inmitten meiner Schwierigkeiten eine Lösung für mich realisiert, die wenig aufsehenerregend, dafür aber außerordentlich wirksam war.

Das Spendenprojekt [2004]

Es begann damit, dass meine Frau nach Hause kam und sie von einem Freund erzählte, dem ich vor einigen Jahren geraten hatte, ein christliches Unternehmen zu übernehmen. Er bräuchte nun für notwendige Investitionen dringend 20.000 Euro, aber die Banken räumten ihm keine Kredite mehr ein, ob wir denn da was machen könnten?

Ich fing an unruhig zu werden. Ich selber wäre gar niemals auf die Idee gekommen, dass so etwas meine Aufgabe sein könnte, mich um diese Angelegenheit zu kümmern. Wo sollte ich 20.000 Euro hernehmen – und überhaupt schien mir dies nicht meine Berufung zu sein, die finanziellen Lücken anderer Menschen zu schließen, oder?

Ich sagte erst einmal gar nichts und erwiderte, dass ich mir darüber Gedanken machen wollte. Und so ging ich mit dieser Angelegenheit am nächsten Morgen vor den Herrn. Ich war, soviel ich mich erinnere mit meiner Bibellese im 1. Johannesbrief, schließlich kam ich zum 3. Kapitel. Und ab Vers 17 ging es dort richtig los: *„Wenn aber jemand dieser Welt Güter hat und sieht seinen Bruder darben und schließt sein Herz vor ihm* *zu, wie bleibt dann die Liebe Gottes in ihm? Meine Kinder, lasst uns nicht lieben mit Worten noch mit der Zunge, sondern mit der Tat und mit der Wahrheit."*

Diese Zeilen waren doch sehr deutlich und es war für mich nun klar, dass ich diese Aufgabe übernehmen sollte. Nun, ich hatte zwar nicht 20.000 Euro flüssig, aber ein paar tausend schon. Und ich kannte einige Menschen, die nach meiner Einschätzung wohl in der Lage wären, eine vierstellige Summe zur Verfügung zu stellen, wenn sie denn wollten. Meine Aufgabe war nun, diese Menschen zu kontaktieren und sie für dieses finanzielle Projekt zu gewinnen, was mir nicht leichtgefallen ist. Im Gebet fielen mir 5 Personen ein, die man auf eine solche Sache ansprechen könnte. So machte ich persönliche Termine mit ihnen aus und sprach mit jedem Einzelnen über dieses Projekt. Schließlich einigten wir uns darüber, dass ein zinsloser Kredit über etliche Jahre Laufzeit das entsprechende Instrumentarium war, um meinem Freund in dieser Situation finanziell unter die Arme zu greifen. Dabei war es für uns klar, dass wir dieses Geld wahrscheinlich nie mehr wiedersehen würden. Doch darin hatte ich mich geirrt. Jahre später, als ich für die Ausbildung unserer Tochter ab 2006 zur Physiotherapeutin in Bonn ca. 1000.- Euro mehr im Monat brauchte, flossen diese Gelder zurück auf mein Konto. Neben einer Gehaltserhöhung meiner Frau, die immer noch in der Stadtklinik Baden-Baden als Dozentin mit einer halben Stelle angestellt war und anderen außerplanmäßigen Einnahmen konnten wir diese Zeit mit erheblichen erhöhtem Finanzbedarf gut unter die Füße bekommen. Im Rückblick über einen größeren Zeitraum ist Gottes

Timing im Geben und Nehmen in dieser Zeitspanne wieder einmal für uns so sichtbar und deutlich geworden, dass wir hier einfach nur darüber staunen können.

Das Geld liegt auf der Straße [2005]

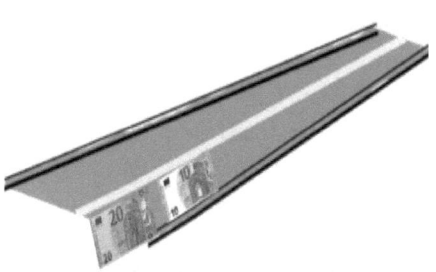

Meine Frau und ich waren in der Innenstadt in Karlsruhe unterwegs, um zu shoppen und mir einige Sachen zu besorgen, die ich für mein Outfit dringend benötigte. Solche Touren durch die Geschäfte stoßen bei mir auf wenig Gegenliebe und machen mich in der Regel auch ziemlich schnell müde. Ich habe einfach eine Abneigung, durch diese Konsumtempel zu laufen und alles Mögliche anzuprobieren und möchte dies am Liebsten so schnell wie möglich hinter mich bringen. Als wir den größten Teil von dem, was wir besorgen wollten, erledigt hatten, gingen wir über den Friedrichsplatz Richtung Marktplatz, um dann mit der Straßenbahn nach Hause zu fahren.

Als ich so mit meiner Frau über diesen Platz schlenderte, fiel folgender Gedanke mir ins Herz: „Wäre es nicht gut, deine Frau hier gleich bei Viva zum Essen einzuladen, dann braucht sie nicht zu kochen… und wir hätten einen versöhnlichen Ausklang, nachdem sie mich mit meiner schlechten Stimmung auf dieser Einkaufstour ausgehalten hatte." Aber ich muss zu meiner Schande gestehen, dass ich zu geizig war, diesen Gedanken in meinem Herzen mehr Raum zu geben. „Jetzt noch Essen gehen"; dachte ich, „viel zu teuer. Alles hat seine Grenzen!"

Nachdem ich diesen Gedanken also erfolgreich verdrängt hatte, schweifte mein Blick über den Boden und sah dort etwas Blaues blitzen, dass ein wenig zerknittert war. Ich bückte mich, um es etwas näher in Augenschein zu nehmen und siehe da, es war ein 20.- Euro Schein. Und darin war noch ein weiterer 10.- Euro Schein eingewickelt.

„Wow!", dachte ich, „30.- € auf der Straße, nicht schlecht!" Und in demselben Augenblick wurde mir klar, für was dieses Geld da war. Ich grinste meine Frau an, wedelte mit den beiden Scheinen und sagte: „Darf ich dich zum Abschluss dieser Einkaufstour zum Essen einladen?" Gesagt, getan.

Später, als ich nochmal auf diese Szene zurückschaute, habe ich mich etwas geschämt – über meinen Geiz, der uns nicht diese gemeinsame Erholungszeit im Restaurant gegönnt hatte. So hat Gott mir nebenbei noch eine kleine Lektion über falsche Sparsamkeit ins Herz gelegt und dies auf eine nette Art und Weise mit einem kleinen Wunder garniert. Ja, so ist unser Gott, der uns liebevoll und mit etwas Humor gewürzt durch unser Leben leitet.

Die Punktlandung [2018]

Das Jahr 2011 war für mich einer der schwierigsten Jahre, an die ich mich erinnern kann. Im November 2011 erhielt ich die Diagnose Parkinson, wobei es mir schon über ein Jahr dermaßen schlecht ging,  dass ich auch nicht mehr arbeitsfähig war und ich befürchten musste, mit Abschlägen früher verrentet zu werden. Nach ca. 15 Monaten Krankschreibung ging es mir durch die kompetente Behandlung eines erfahrenen Neurologen und wohl auch durch manche Gebete wieder so weit besser, dass ich wieder einigermaßen „sozialfähig" war und in kleinen Schritten meine Arbeit aufnehmen konnte. Eine nicht einkalkulierte Folge der langen Krankschreibung war, dass ich über eine längere Zeit von den Krankenkassen eine Lohnfortzahlung im Krankheitsfall erhielt, so dass mein Dienstkonto bei den Navigatoren gut gefüttert war, weil viele Freunde und Geldgeber mich einfach weiter unterstützten. Allerdings gab es über die Jahre immer wieder Spender, die aus den verschiedensten Gründen aufhörten, so dass mein „Butterberg" aus den Jahren 2011/12 Jahr für Jahr weiter abschmolz.

Im Jahre 2017 hörte dann noch mein größter Spender auf, so dass ich wieder herausgefordert war, auf den letzten Metern bis zur Rente im Jahre 2018, im Glauben und Gebet auf Gott zu hoffen.

Und es passierte wieder. Es sprangen auf dieser letzten Wegstrecke Menschen in die Lücke, nur eine

Handvoll, aber dafür mit größeren Summen. Dies hatte zur Folge, dass ich bei Rentenbeginn bis auf wenige Euro eine finanzielle Punktlandung hinlegen und damit meine 50%ige Anstellung bei den Navigatoren beenden konnte. Gleichzeitig durfte ich mit einem 450. – Euro Minijob weitermachen, wobei allerdings das nötige Spendenaufkommen hierfür doch erheblich niedriger ist.

Rückwirkend ist es für mich einfach faszinierend zu sehen, wie genau Gott hier wieder über meinem Budget gewacht hat. So akkurat und genau eine finanzielle Punktlandung im März 2018 hinzulegen, der Beginn meiner Berentung, das ist schon etwas Außergewöhnliches.

Es zeigte mir, dass Gott über meine finanzielle Situation bestens informiert ist. Das gibt mir ein Gefühl von Sicherheit und Geborgenheit – und dies mitten in einer Zeit, in der die Menschen mit wachsender Unsicherheit, Ungewissheit und Irritationen auf die globalen Erschütterungen reagieren, die anfangen über diesen blauen Planeten zu ziehen.

Diese Geborgenheit in dieser ungewissen Zeit ist ein großes Privileg, für das ich sehr dankbar bin.

Der 5 Euro Schein [2019]

Im Frühjahr 2019 fuhr ich mit meinem Fahrrad zum Baumarkt, um eine bestimmte Besorgung zu machen, an die ich mich konkret nicht mehr erinnere. Ich stellte mein  Fahrrad unweit von dem Eingang ab und ging in den Baumarkt, um eben besagte Besorgung zu tätigen. Als ich wieder herauskam und mein Fahrrad aufschließen wollte, sah ich, dass etwas in meinem Fahrradkorb lag. Ich schaute näher hin und konnte es nicht glauben: ein 5 Euro Schein! Ungläubig nahm ich ihn in die Hand. Er war tatsächlich echt! Ich schaute mich unauffällig um, ob mich nicht irgendjemand filmte oder vielleicht eine verdeckte Kamera irgendwo war, der einfach die erstaunte Reaktion der Leute aufnehmen wollte. Aber da war – gar nichts! Kopfschüttelnd steckte ich den Schein ein und fragte mich, wie dieser Schein in meinen Korb kam. Es wäre ja noch verständlich gewesen, wenn er auf der Erde gelegen hätte, weil jemand ihn verloren hat, aber wer verliert einen 5 Euro Schein in einen Fahrradkorb hinein, der sich einen ganzen Meter oberhalb der Straße über dem Hinterrad eines Fahrrades befindet. Jemand musste ihn da bewusst hineingelegt haben, so grübelte ich ...
Schließlich steckte ich den 5 Euro Schein ein, schwang mich auf mein Fahrrad und fuhr nach Hause. Erst jetzt ergriff ich die Gelegenheit und fragte den Herrn, ob er

mir dadurch etwas zeigen wollte. Und die Antwort kam überraschenderweise sofort: *„Ich wollte dir einfach zeigen, dass es mir Freude macht, dich zu versorgen. Sei voll Zuversicht und sorge dich nicht, denn ich versorge dich!"*

„Wow", dachte ich, „Gott steckt wirklich voller Überraschungen und er macht das auf so liebevolle Art."

Später stellte es sich allerdings heraus, dass meine Tochter den 5 Euro Schein, denn sie vorher auf dem Boden gefunden hatte, in mein Körbchen gelegt hatte. Sie war zufälligerweise auf derselben Route unterwegs und hatte mein Fahrrad erkannt und mir dann einfach den kleinen Schein hineingelegt. So hat sich dieses Rätsel ein wenig entmystifiziert, aber andererseits auch gezeigt, dass Gott eben andere Menschen gerne benutzt, um mich bzw. uns zu ermutigen.

Es geht weiter [2021]

Gott ist treu, sein Name ist Jahwe Jireh, mein Versorger. Im Rückblick auf meine vergangenen 68 Jahre, die ich nun in meinem Leben hier unterwegs bin, kann ich feststellen, dass Gott diesen Namen zu Recht trägt. Das alles als  Zufall abzutun, das kann ich einfach nicht mehr glauben. Und wenn er das schon bei mir getan hat, warum sollte er es bei dir nicht auch tun.

Es gibt kein Patentrezept, solche Erfahrungen zu machen, aber ich will an dieser Stelle noch einige Randbedingungen aufzeigen, die das Zustandekommen solcher Erlebnisse einfach begünstigen.

Die erste Randbedingung ist **Dankbarkeit**. Wenn du eine Zuwendung bekommst, dann drücke doch deine Dankbarkeit aus, und zwar gegenüber Menschen, wie auch gegenüber Gott. Gott schätzt dies und andere Menschen auch.

Wenn du Glaubenserfahrungen machen willst, dann bist du dazu aufgerufen, ein **gewisses Risiko** einzugehen. Du musst oder darfst einen Schritt ins Ungewisse tun. Es geht hier nicht um einen blinden Glauben, sondern darum, deinen Glauben auszudehnen. Wenn du spürst, dass Gottes Geist dich auffordert, alte Grenzen zu überschreiten, dann ist für dich der Zeitpunkt gekommen, in diesem Bereich im Glauben zu wachsen. Das gilt auch für deine materielle Versorgung. In der

Regel wirst du Schritt für Schritt weitergeführt. Manchmal kann es auch sein, dass du aufgerufen bist, eine finanzielle Durststrecke zu durchlaufen. Dies ist eine echte Herausforderung deines Glaubens und dann ist es sehr hilfreich, Freunde oder Mentoren zu haben, die einen auf einer solchen Wegstrecke begleiten.

Ein dritter Punkt ist: **Sei selber freizügig**, auch wenn du nicht viel hast. Darauf stehen so viele Verheißungen aus der Schrift, dass ich diese hier gar nicht erst aufzählen will. Aber du darfst wissen: Auch hier kann man wachsen – im Geben.

Ich habe mir vorgenommen, auch in diesem Bereich weiter wachsen zu wollen. Das ist nicht abhängig von dem, wie viel du hast oder wie viel du verdienst. Es ist davon abhängig, wie viel ich von meinen Gütern behalten will. Eigentlich gehören sie mir ja gar nicht, sondern ich bin nur derjenige, der sie verwaltet. So habe ich Gott gebeten, dass ich meine Spenden nicht reduzieren möchte, auch wenn ich und meine Frau als Rentner weniger Einkommen habe. Ich bin gespannt, wie dieses Abenteuer in der praktischen Realität lebbar ist, aber ich bin nun seit über 2 Jahren in Rente und irgendwie scheint es zu funktionieren.

Ein vierter Punkt ist: **Bleibe für das Reich Gottes in Bewegung,** so kommst du auch mit der Bewegung Gottes ständig in Berührung. Du lernst Menschen kennen, an die du vorher nicht im Traum gedacht hattest, dass diese eine Rolle in deinem Leben spielen könnten. Und da Gott mit Vorliebe andere Menschen gebracht, um uns zu versorgen, wird Gottes Fürsorge wie auch liebevolle andere Menschen dich immer wieder überraschen.

Nicht jeder ist zu solch einem Leben wie Georg Müller gerufen, der völlig aus dem Glauben lebte und keine Spendenaufrufe machte. Aber wenn ich in Bewegung für das Reich Gottes bleibe, dann wird es einfach nicht ausbleiben, dass Gott meinen Mangel ausfüllen wird, denn es geht ja auch um seine Ehre, dass er seine Diener nicht im Stich lässt.

Entscheidend dabei ist, dass wir nicht anfangen, dem Geld hinterherzulaufen und Gott selber aus den Augen zu verlieren, denn wir können nicht zwei Herren dienen: Gott und dem Mammon. Und wenn die Menschen spüren, dass du nicht hinter ihrem Geld her bist, sondern ihnen von Herzen dienen möchtest, dann werden auch ihre Herzen offen, dir etwas von ihren Gütern mit Freude zu geben.

In diesem Sinne sei dankbar, bleibe in Bewegung und erwarte, dass Gottes Versorgung nicht zum Stillstand kommt. Er wird dir geben, was du brauchst, manchmal sogar mehr, so dass du einfach aus deinem Überfluss reichlich weitergeben kannst und zu einem Segensträger für viele andere werden wirst.

EPILOG

Wir können in diesen Tagen immer deutlicher erkennen, dass wir in eine Zeit hineinsteuern, in der es das Geld, wie wir es heute kennen, nicht mehr geben wird. Weltweit sind der Gedanke und die Vision auf dem Vormarsch, das Bargeld völlig abzuschaffen. Scheibchenweise werden die Summen, mit denen wir unsere Geschäfte in Bargeld abwickeln, immer mehr reduziert. In einigen Ländern der EU ist es jetzt schon gesetzlich vorgeschrieben, dass bei einem Betrag von über 1000.- Euro finanzielle Transaktionen nur noch bargeldlos getätigt werden dürfen. In Berlin wurde probeweise schon mal der digitale Klingelbeutel in der ev. Kirche getestet und europaweit wurde der 500.- Euroschein abgeschafft. Weitere Schritte zur Einführung des bargeldlosen Zahlungsverkehrs werden folgen, wie z.B. einen Bonus an der Kasse des Supermarktes für bargeldlose Zahlungen oder einen entsprechenden Malus für Barzahlungen.

Mit der schleichenden Abschaffung des Bargeldes werden die Bürger, insbesondere durch die digitale Erfassung ihrer finanziellen Transaktionen, mehr und mehr völlig gläsern, so dass die staatlichen wie auch andere Institutionen den Fluss des Geldes quasi auf Knopfdruck unmittelbar sichtbar machen können.

Im weiteren Verlauf ist zu befürchten, dass es die Bankfilialen, wie wir sie heute kennen, auch nicht mehr geben wird. Ich vermute, dass jeder Bürger bei der Zentralbank seines Landes ein Konto erhalten wird, über das dann seine sämtlichen finanziellen

Transaktionen und geschäftliche Tätigkeiten laufen werden. Damit erhält der Staat die völlige Kontrolle über das Leben der Menschen und kann bei entsprechend negativem Verhalten eines leidigen Bürgers diesen beliebig abstrafen oder belohnen. In China können wir die Vorstufen eines solchen Systems schon heute erkennen.

Mit dieser Entwicklung wird sich wahrscheinlich im gleichen Atemzug die Finanzierung von Missionswerken und deren Mitarbeiter nachdrücklich verändern. Die Systemrelevanz und die Gemeinnützigkeit dieser Einrichtungen als auch der Kirchen und insbesondere der Freikirchen werden nicht nur in Frage gestellt, sondern sogar als hinderlich für die eine noch kommende, aber in ihren Ansätzen schon jetzt erkennbare weltumspannende „humanistisch-sozio-ökologische" Agenda gesehen werden. So wäre es z.B. denkbar, dass die finanziellen Vorteile der Gemeinnützigkeit mit der Identifikation des Werkes bezüglich dieser globalen Agenda verknüpft werden. Dies wird eine nicht unerhebliche Herausforderung für die jeweilige Leitung dieser Werke sein, wie sie sich in dieser Angelegenheit positionieren sollen.

In einer solch kommenden weltumspannenden Leitvision wird kein Platz mehr für einen Jesus sein, der sich in der Schrift provokant als *der* Weg, *die* Wahrheit und *das* Leben offenbart [Joh. 14,6]. Wie bei dem bekannten Turmbau zu Babel, nachzulesen in Genesis 11, wird in dieser globalen Agenda der Mensch zum Maß und Mittelpunkt aller Dinge und Gott vielleicht noch als ritueller Mitläufer und Feigenblatt in Kauf genommen. Die Botschaft des Neuen Testamentes, dass allein nur durch und in Jesus die Einladung zu einem ewigen versöhnten Leben mit Gott möglich ist [siehe Apg. 4,12], birgt in sich eine Kampfansage, die einer kommenden globalen humanistisch-sozio-ökologischen Leitidee diametral gegenüberstehen wird.

Letztlich wird jede gemeinnützige Organisation mit ihrer Leitung und deren Mitarbeitern nicht mehr an der Frage vorbeikommen, inwieweit sie sich an das dann dominierende System anpassen wollen oder nicht. Schwimmen sie mit dem Strom werden sie die damit verbundenen finanzielle Vorteile genießen, steigen sie aus, werden sie es in Kauf nehmen müssen, dass ihre Finanzierung über die gewohnten Wege nicht mehr machbar sein werden.

Die Versorgung von halb- oder gar vollzeitigen Mitarbeitern wird für diese Werke, die aus dem System aussteigen, wohl zum großen Teil nur über zuverlässige, vertrauliche Beziehungen und Gottes wunderbares Eingreifen gelingen. Wir können aus diesen Überlegungen erkennen, dass gerade in kommenden Zeiten aufrichtige, persönliche Beziehungen, Zweierschaften, Mentoring, Klein- und Kleinstgruppen usw. eine lebenswichtige Rolle für die Gläubigen spielen werden. Es ist deshalb *jetzt* an der Zeit, solche Elemente in unseren Gemeinschaften zu betonen und zu realisieren.

Wir gehen in diesen Tagen beschleunigt in eine Zeit hinein, die Schritt für Schritt von immer tieferen Erschütterungen geprägt sein werden – und das im globalen Ausmaß.

Jesus vergleicht diese Geschehnisse mit den Geburtswehen einer Frau, wenn sie ein Kind auf die Welt bringt. Diese Wehen erleben wir meinem Empfinden nach gerade in den Anfangsstadien, wobei die kommenden Wehen jeweils intensiver und schmerzhafter über unseren blauen Planeten rollen werden.

Warum, so fragt sich jetzt vielleicht der Leser, schreibe ich nach einem so ermutigenden und hoffnungsfrohen Buch über Gottes Versorgung solche schwarzen Zeilen, die uns jede Hoffnung zu rauben scheinen?

Diese Entwicklung, die ich früher oder später kommen sehe, ist glücklicherweise nur die eine Seite der Medaille. Auf der anderen Seite steht Gottes treue Versorgung und sein helles Licht. Es wird für die da sein, die Jesus in diesen Zeiten von Herzen nachfolgen. Je intensiver die Finsternis sich manifestiert, umso deutlicher und durchdringender wird dann das Licht des Höchsten durch uns strahlen. Gott ist und bleibt treu, besonders in Krisenzeiten.

Gerade dann, wenn die Finsternis meint, einen großartigen Sieg errungen zu haben, erfolgt geradewegs der Gegenzug Gottes auf dem Schachbrett der Geschichte. So war es schon bei der Kreuzigung Jesu, als selbst die Sonne ihr Antlitz verhüllte und eine bedrückende Dunkelheit sich über den drei Kreuzen auf dem Hügel Golgatha vor den Toren Jerusalems ausbreitete.

In der unsichtbaren Welt des Bösen wurde damals schon gefeiert, weil der Sohn Gottes jetzt endlich aus dem Weg geräumt schien. Doch durch seine leibliche

Auferstehung nach nur drei Tagen wurde den Herren der Finsternis ihr schrecklicher Irrtum bewusst. Mit ihrem illegitimen Coup, den Gerechten, nämlich Jesus, hinrichten zu lassen, verloren sie ihre legitime Herrschaft über diesen blauen Planeten, den sie seit dem Ungehorsam Adams innehatten. Sie verloren ihn an den einen Gerechten, nämlich Jesus, der keine Sünde tat, der seine blütenweiße Weste bewahrte. Aber nicht nur das: Durch den Opfertod Jesu am Kreuz wurde ein ständiges Portal der Gnade für die Menschen geöffnet, die diese nur noch im Glauben durchschreiten mussten, um von Gott angenommen zu sein.

Diese Tatsache unter allen Umständen zu vernebeln ist seit der Auferstehung Jesu einer der nachdrücklichsten Taktiken, die der Widersacher mit seinem dunklen Hofstaat eingeschlagen hat.

Die Zeiger auf der Weltenuhr sind mittlerweile weit fortgeschritten und der Vorhang für die letzten dramatischen Akte vor der Wiederkunft Jesu beginnt sich in diesen Tagen zu öffnen. Wir stehen unmittelbar vor einer Zeit, in der man sich entscheiden muss — auf welcher Seite man sich positioniert. Die Grauzone zwischen schwarz und weiß wird zusehends schmaler und ein wachsender, deutlicher Riss wird Licht und Finsternis immer klarer trennen.

Gott hat mir nicht verraten, wie seine Züge im letzten Akt der Geschichte konkret aussehen, aber ER wird nicht einfach sein Mittagsschläfchen machen und zusehen, dass die Welt vom Bösen überrollt werden wird, denn es heißt: *„Der Hüter Israels schläft und schlummert nicht."* [Psalm 121,4]

Es wird aber in jenen kommenden Tagen von erheblicher Relevanz sein, dass wir uns durch den Heiligen Geist und dem Wort Gottes auf enge Weise mit Jesus verbinden. Wir müssen mehr als zuvor lernen durch diese bedrückenden und teilweise chaotischen Zustände hinweg auf Jesu Stimme zu hören und sich von IHM leiten zu lassen.

In diesen Tagen ist mir nochmals das Gleichnis von den zehn Jungfrauen aus Matthäus 25,1-13 in das Zentrum meiner Aufmerksamkeit gerückt. Während ich diese Zeilen las und darüber meditierte, kam mir eine Frage in den Sinn: *„Herr, wo bzw. wann auf der Zeitschiene befinden wir uns denn mit diesem Gleichnis eigentlich?"* Die Antwort kam klar und deutlich: *„Jetzt ist die Zeit, um Öl zu kaufen!"* Das Öl ist ein Symbol für den Heiligen Geist, das Licht der Lampe für das Wort Gottes, denn es steht geschrieben: *„Dein Wort ist meines Fußes Leuchte und ein Licht auf meinem Wege!"* [Psalm 119,105]

Wir gehen mit Gottes Geist und seinem Wort in die Finsternis hinaus, unserem Bräutigam entgegen. Jetzt, gerade in dieser speziellen Zeit der Pandemie mit dem damit verbundenen Phänomen des „social-distancing" spüren wir vielleicht schon ein wenig davon, wie wichtig es ist, sich beständig aufzumachen, und zu der göttlichen Quelle zu gehen, damit Sein Licht unsere Sinne und Gefühle erhellen und durchdringen kann.

In dieser Zeit sucht Gott nicht Persönlichkeiten, die ihren eigenen Stärken vertrauen. Er schaut aus nach Menschen, die um ihre Fehler und Schwächen wissen und dennoch bereit sind, sich an Jesus zu hängen, weil sie wissen, dass sie von IHM total angenommen sind, sogar mit ihren schlechten Angewohnheiten. Er sucht solche Typen, die an ihre Grenzen gekommen sind, die wissen, wie unbedingt nötig sie Gott selber brauchen, die Hunger und Durst nach der Gemeinschaft mit Ihm haben. Er durchkämmt das ganze Land nach denen, die sich von Ihm lieben lassen und gelernt haben, sich an Ihn zu hängen. Er sammelt die Menschen, die leer geworden sind, deren Kapazitäten erschöpft sind und die bereit sind, nicht weiter ihr eigenes Ding zu drehen. Er ist auf der Suche nach Seelen, die wissen, dass es unabdingbar notwendig ist, mit ihrer geringen Kapazität beständig zu Ihm zu kommen und sich ihren kleinen Tank bei Ihm immer wieder auffüllen zu lassen.

In den kommenden Tagen wird dieser Gang, dieses beständige Aufsuchen von Gottes Gegenwart zu einer Gewohnheit werden, aus der man im Alltag leben wird. Es wird undenkbar sein, ohne diese unaufhörliche Erquickung zu leben, da die Liebe durch die vielen Krisen und Erschütterungen in dieser Welt in vielen erkalten wird. Diese enge Verbindung der Heiligen mit ihrem Gott wird wie ein Strom des Lebens sein, der von vielen, kleinen unzählbaren Quellen gespeist werden wird. Dieser Strom wird unser dürres Land mit Gottes tiefer Liebe und Seinem hellen Licht durchziehen. So wird sich Gottes Wort für diese Zeit aus Jesaja 41,17-18 in diesen Tagen vor unseren Augen erfüllen, wo es heißt:

„Die Elenden und Armen suchen Wasser, und es ist nichts da, ihre Zunge verdorrt vor Durst. Aber ich, der Herr, will sie erhören; ich der Gott Israels will sie nicht verlassen. Ich will Wasserbäche auf den Höhen öffnen und Quellen mitten auf den Feldern und will die Wüste zu Wasserstellen machen und das dürre Land zu Wasserquellen."

Diese Versorgung Gottes wird auf natürliche und übernatürliche Art mitten in einer Welt umso deutlicher, je größer die Schwierigkeiten und Probleme um uns herum werden. Aber wir können jetzt schon anfangen, uns darin zu üben, IHM schon in den kleinen Dingen zu vertrauen, damit er uns in jenen kommenden Tagen Größeres anvertrauen und in unsere Hände legen kann. Gottes Gedanken und Möglichkeiten sind größer, höher und weiter und wir dürfen IHM vertrauen, dass er für uns das Beste trotz aller Nöte und Schwierigkeiten im Sinn hat. Dies drückt auch das folgende Lied aus, das mir vor einigen Jahren geschenkt worden ist: *„Im Angesicht meiner Feinde,"* mit dem ich diesen Epilog und damit auch dieses Buch beschließe und ausklingen lasse.

Im Angesicht meiner Feinde

(Psalm 23,5)

Günter Kretz 2005

LITERATURVERZEICHNIS

Arthur, John Mac: Wem gehört das Geld? Ein biblischer Leitfaden für den Umgang mit Gottes Reichtum, Betanienverlag, Augustdorf 2013

Conrad, Dieter D.C.: 7 Stufen zu außergewöhnlichem Umgang mit deinen Finanzen, BoD Verlag, Norderstedt 2019

Dayton, Howard: Finanzielle Freiheit erleben, CfC Gießen 2007

Foley, Phillip F.:   Gottes Wort und mein Geld, EBTC, Berlin 2019

Hein, Berit: Mit Gott rechnen, Gerth Medien, Asslar 2005

Hill, Craig: Mäuse, Motten und Moneten, Biblische Prinzipien für den Umgang mit Geld, CfC 2002

Martens, Viktor: Wem vertraue ich? Print Group Polen, Szczecin (Stettin) 2016

Prince, Derek: Gottes Plan für ihre Finanzen, Internationaler Bibellehrdienst, Trostberg 2013

Schnepper, Arndt E.: Geld für Gott, das Fundraisingbuch für Kirchen und Gemeinden, SCM Brockhaus Verlag, Witten 2008

Wilson, Miles: Gott, die Welt und das liebe Geld, Neufeldverlag 2. Auflage, Cuxhaven 2020

Weitere Bücher vom Autor

Skandalös leben – Gnade als Lebensstil entdecken

Etliche Aussagen, die wir in der Bibel über Gnade finden, sind im Grunde genommen skandalös! Unser gesamtes Rechtsempfinden und unsere innere Werteskala werden auf den Kopf gestellt, da unser ganzes Streben, besonders in der westlichen Leistungsgesellschaft, auf gänzlich anderen Säulen ruht. Diese Säulen heißen unter anderem Leistung, Besitz und Image. Ausgehend von diesen Gedanken beginnt uns der Autor auf eine spannende und herausfordernde Entdeckungsreise mitzunehmen, auf der wir dem Wesen der Gnade tiefer auf die Spur kommen. Wir erkennen, welche Wege uns helfen, einen Lebensstil der Gnade einzuüben und sehen klarer, welche inneren Einstellungen uns immer wieder davon abbringen wollen.

Dieses Buch ist kein Buch nur zum Lesen, sondern zum „Graben": Jedem Kapitel folgt eine fundierte Bibelarbeit, um das Gelesene zu reflektieren, zu vertiefen und zu verarbeiten. Als Ergänzung zum Buch ist außerdem ein separates „Heft für

Kleingruppenleiter" mit entsprechenden Anregungen für den Austausch in einer Kleingruppe erhältlich.

Paperback, 200 Seiten, Verlag Glory World Medien, ISBN: 978-3-95578-306-8, **12,80.- €** einfach per email formlos bestellen: GuenterKretz@navigatoren.de oder bei: www.gloryworld.de oder in jeder Buchhandlung

Das Arbeitsheft zum Buch –
für den Kleingruppenleiter

Dieses Heft gibt Anleitung und Hilfestellungen, wie das Buch „Skandalös leben" in einer Kleingruppe eingesetzt werden kann. Neben einer allgemeinen Einführung zur Kleingruppenleitung werden für jedes Kapitel Anregungen gegeben, die den Gesprächsleiter bei der Gestaltung der Gruppentreffen unterstützen, sodass ein lebendiger und gewinnbringender Austausch leichter gelingt.

Die methodische Vielfalt der jeweiligen Hinweise stellt für den Kleingruppenleiter darüber hinaus einen Ideenpool bereit, der ihm auch bei der Gestaltung beliebiger anderer Themen und Gruppenarbeiten eine Hilfe sein kann.

Somit entfaltet das Buch „Skandalös leben" nicht nur seine inhaltliche Wirkung über die jeweiligen behandelten Themen, sondern eröffnet dem Kleingruppenleiter nebenbei eine pädagogische Breite, die ihn befähigen wird, auch andere Themen kreativ und ansprechend zu moderieren.

geheftet, 48 Seiten, Verlag Glory World Medien, ISBN: 978-3-95578-307-5, **5,80.- €**
Einfach formlos bestellen bei:
GuenterKretz@navigatoren.de oder bei www.gloryworld.de oder in jeder Buchhandlung

Das Maria-Experiment
Die Kunst, Zeit zu haben

Zeit ist mit Abstand das Kostbarste, was wir haben! Sie ist ein Geschenk, über das wir frei verfügen können. Und doch haben viele von uns das Gefühl, dass Zeitmangel und Zeitdruck nicht nur gelegentliche Zaungäste, sondern lästige Dauermieter in ihrem Leben geworden sind. Wir spüren: Unser Terminkalender ist zwar voll, aber wir sind keineswegs erfüllt! Ein kleiner, jedoch wichtiger Unterschied.

Ausgehend von diesen Gedanken beginnt uns der Autor auf eine Entdeckungsreise mitzunehmen, auf der er dem Phänomen des erlebten Zeitmangels auf den Grund geht. Das „Maria-Experiment" fordert uns heraus, unsere Sicht vom Leben gründlich zu überdenken und es aus der Hand Gottes neu zu empfangen. Es ermutigt den Leser, aus dieser neuen Quelle zu leben und hilft ihm, konkrete Schritte zu gehen, damit sein Leben nicht voll, sondern erfüllt wird.

Paperback, 112 Seiten, Verlag Glory World Medien, ISBN: 978-3-95578-314-3, **9,50.- €**
einfach per email formlos bestellen: GuenterKretz@navigatoren.de oder bei: www.gloryworld.de oder in jeder Buchhandlung

Ist mein Wort nicht wie Feuer?

"Ist mein Wort nicht wie ein Feuer, spricht der Herr, und wie ein Hammer, der Felsen zerschmeißt?"
(Jeremia 23,29)

Das Wort Gottes ist nicht einfach irgendeine Information, wie wir sie in der Tageszeitung, einer Fachzeitschrift oder einem Lexikon finden. In der Bibel, dem Buch der Bücher, steckt "göttliches Dynamit". Holen wir die Bibel aus dem Regal und erreichen ihre Worte unser Herz, entfaltet sie in uns eine ungeahnte Kraft und ein heilsamer Transformationsprozess in eine neue Identität nimmt ihren Anfang.

Anhand ausgewählter Bibelstellen nimmt uns der Autor auf eine Entdeckungsreise mit, auf der wir immer mehr entdecken, wie umfassend Gottes Liebe zu uns ist und wie wunderbar unsere Berufung und Identität ist, die er uns zugedacht hat.

"Ist mein Wort nicht wie Feuer?" ist nicht nur ein Buch zum Lesen, sondern auch zum "Graben": Jedem Kapitel folgt ein praktischer Teil, um das Gelesene zu reflektieren und zu vertiefen. Diese Impulse eignen sich auch gut für den Austausch in einer Kleingruppe.

Paperback, 104 Seiten, Verlag Glory World Medien, ISBN: 978-3-95578-337-2, **9,50.- €**
einfach per email formlos bestellen:
GuenterKretz@navigatoren.de oder bei: www.gloryworld.de oder in jeder Buchhandlung

Der getarnte Gott

Eins ist offensichtlich: Gott könnte es uns leichter machen, uns von seiner Existenz zu überzeugen!

Doch offenbar verzichtet er darauf, seine unbegrenzten Möglichkeiten so einzusetzen, dass wir an seiner Wirklichkeit nicht mehr vorbeikommen.

Was veranlasst Gott dazu, lieber im Verborgenen und ohne großes Aufsehen den Kontakt zu Menschen zu suchen, die aufrichtig nach ihm fragen? Im Nachspüren dieser Fragestellung nimmt der Autor den Leser mit auf eine Entdeckungsreise, die ihm die Kernbotschaft der Bibel auf verständliche und anschauliche Weise nahebringt und ihm hilft, mit diesem Gott eine persönliche Beziehung einzugehen.

Ein Buch, auch zum Weitergeben an Menschen, die nach Gott fragen oder darüber Klarheit gewinnen wollen, ob dieser für sie in der Tat überhaupt relevant ist.

Paperback, 118 Seiten, BoD Verlag,
ISBN: 978-3-75197-778-4, **6,99.- €**
einfach per email formlos bestellen:
GuenterKretz@navigatoren.de oder bei:
www.bod.de/buchshop oder in jeder Buchhandlung